DE PASTOR A PASTOR

ETICA PASTORAL PRACTICA

DE PASTOR A PASTOR

ETICA PASTORAL PRACTICA

James E. Giles

CASA BAUTISTA DE PUBLICACIONES

CASA BAUTISTA DE PUBLICACIONES
7000 Alabama Street, El Paso, TX 79904 EE. UU. de A.
www.casabautista.org

Ediciones: 1988, 1990, 1994, 1996, 1997, 2000, 2002, 2004
Novena edición: 2006

Clasificación Decimal Dewey: 253.2

Temas: 1. Ministros; 2. Etica Pastoral

ISBN: 978-0-311-42076-6
C.B.P. Art. No. 42076

1 M 12 06

Impreso en Colombia
Printed in Colombia

DEDICATORIA

A mis alumnos,
quienes me han enseñado mucho.

PREFACIO

Cuando hablamos de ética pastoral, no estamos sugiriendo un dualismo en la ética que implique que las normas para pastores son diferentes a las normas para todo creyente. Más bien estamos refiriéndonos al hecho de que el ministro tiene algunas relaciones y responsabilidades en el desempeño de su ministerio que son únicas en su profesión. A la vez, reconocemos que aquel que es llamado para proclamar los ideales tiene el deber de ser buen modelo de lo que proclama.

Por ejemplo, hay normas éticas especiales para médicos, que tienen que ver con los médicos y sus relaciones con el paciente, sus familiares y otros médicos. Los abogados tienen normas éticas que les rigen en su relación profesional con los clientes y con otros abogados. Así es en cada una de las profesiones. La ética ministerial abarca los asuntos que tienen que ver con el ministerio y sus relaciones con los demás.

Esta obra obedece a las necesidades expresadas por jóvenes estudiantes en los seminarios que están preparándose para servir en alguna faceta del ministerio cristiano. Al tocar aspectos relacionados con el tema, en varias ocasiones han expresado su deseo de tener una guía en el campo de la ética pastoral. También los pastores con años de experiencia pueden recibir inspiración y beneficio de la lectura y la meditación sobre el tema.

Deseo expresar mi gratitud por los años en que he tenido el privilegio de enseñar a jóvenes en su preparación para el ministerio. Es una responsabilidad muy grande y un desafío constante. Las recompensas son múltiples, pero una de las más agradables es la de observar a estudiantes de años anteriores desempeñando su ministerio con eficacia en las iglesias, instituciones educativas y puestos de administración en las convenciones y asociaciones donde ellos sirven al Señor con fidelidad.

El material se ha presentado en varias ocasiones en clases con seminaristas, y sirve de base para la reflexión y el diálogo. Estas actividades ayudan al joven a establecer normas éticas personales para guiarle en su vida profesional. Las lecturas recomendadas al final de la obra contienen referencias encontradas por el autor y sus alumnos en los libros y revistas que han sido publicados en años pasados. Servirán para orientar a los que quieran investigar el tema con mayor profundidad.

En un seminario de estudios de post-grado los alumnos se dedicaron al análisis del material bíblico con relación al tema. Después, pasaron varias semanas investigando los escritos de los padres eclesiásticos antes y después de Nicea, para continuar con un estudio de las obras escritas por líderes cristianos de todas las épocas de la historia del cristianismo. Finalmente, terminaron el semestre con una investigación de las obras de escritores contemporáneos. Sus investigaciones han enriquecido el material que se presenta en estas páginas.

James E. Giles
Cali, Colombia

INDICE

Página

PREFACIO 7
INTRODUCCION 13

1. RESUMEN BIBLICO DE LOS REQUISITOS MORALES DE LOS LIDERES ESPIRITUALES 19

Introducción, 19
¿Qué se espera del ministro de Dios?, 20
El ejemplo de los patriarcas, 21
Moisés,22
Los sacerdotes, 23
Los profetas, 24
Las enseñanzas de Jesús, 25
Los Hechos de los Apóstoles, 26
Las enseñanzas de Pablo, 27
La epístola a los Hebreos, 28
Primera y Segunda de Pedro, 28
Las epístolas de Juan, 29
El Apocalipsis de Juan, 29

Conclusión, 30

2. LA ETICA PERSONAL DEL MINISTRO 31

Introducción, 31

El llamado de Dios al ministro, 31
Los componentes del llamado de Dios, 32
Los elementos inconscientes en el llamado, 33

La salud del ministro, 35
La salud emocional, 35
La salud física, 37
La salud intelectual, 39
La salud espiritual, 40

Una ética de compromiso, 42
Una ética irreprensible, 42
Una ética económica, 43

Conclusión, 44

3. **EL MINISTRO Y SU FAMILIA** 45

Introducción, 45

Deberes del esposo y padre, 46
- Deberes hacia la esposa, 46
- Deberes hacia sus hijos, 49
- Deberes respecto al sostenimiento del hogar, 49
- Deberes respecto al desarrollo espiritual de cada uno en el hogar, 50

El lugar de la esposa del pastor, 51
- El papel de esposa de pastor, 52
- ¿Dominio o sumisión en el matrimonio?, 53
- Deberes de la esposa del pastor, 54

Privacidad en la familia pastoral, 57
- La iglesia necesita aceptar la "humanidad" de la familia pastoral, 57
- La iglesia debe permitir que la familia pastoral tenga privacidad, 58
- La iglesia debe permitir que la casa pastoral sea un hogar privado, 59

La intimidad entre el pastor y su esposa, 59

Conclusión, 61

4. **RELACIONES ETICAS CON LA IGLESIA LOCAL** 63

Introducción, 63

La invitación a ser pastor, 64
- Cómo lograr una invitación de una iglesia, 64
- Relaciones con el antecesor, 67
- Relaciones hacia el sucesor, 68

Servicio fiel a la iglesia como pastor, 69
- El pastor debe proclamar el evangelio con osadía, 69
- El pastor debe ser buen administrador, 71
- La visita pastoral, 73

Conclusión, 76

5. **NORMAS ETICAS EN RELACION CON LA DENOMINACION** 79

Introducción, 79

El pastor debe identificarse con su denominación por convicción, 79

La ordenación para el ministerio, 81

La lealtad a la denominación, 83

Conclusión, 85

6. **NORMAS ETICAS EN LAS RELACIONES INTERDENOMINACIONALES** 87

Introducción, 87

El respeto por personas de otras denominaciones, 88
  La libertad de conciencia, 88
  La comunidad de fe, 89

Esferas de cooperación interdenominacional, 90
  Campañas de evangelización, 90
  Proyectos de interés común, 90
  Apelación de derechos legales, 91
  Campañas de distribución de la Biblia, 91

Esferas de la no colaboración, 92
  Acuerdos de territorios misionales, 92
  Instituciones de educación, 93
  El movimiento ecuménico, 94

Reuniones con personas de otras religiones, 95

El diálogo con otros, 95
  ¿Qué es el diálogo?, 96
  Los objetivos del diálogo, 96

Conclusión, 98

7. RELACIONES EN LA COMUNIDAD 99

Introducción, 99

Consideraciones generales, 99
  Deberes del ciudadano o residente, 100
  Funciones especiales, 101
  Participación en el jurado, 102
  Participación en la guerra, 102

La intervención en programas de reforma social, 103
  El alcance de la intervención cristiana, 103
  La clase de intervención, 104
  Recursos espirituales para la intervención, 105

El papel del ministro en un mundo convulsionado, 106
  El pastor debe informarse bien, 106
  El pastor debe informar bien a sus feligreses, 107
  El pastor debe dialogar ampliamente, 108
  El pastor debe orar diligentemente, 108

Conclusión, 109

CONCLUSION 111

LECTURAS RECOMENDADAS 113

INTRODUCCION

Ser pastor de una iglesia es uno de los privilegios más altos y más sagrados que puede llegar a tener un ser humano. El pastor tiene la oportunidad de acompañar a sus feligreses en los momentos especiales de la vida —los momentos de suprema felicidad y de profundo dolor; los momentos cuando están regocijándose por los éxitos personales y familiares, y cuando están llorando por la derrota; los momentos de la llegada de una nueva vida cuando nace un bebé, y los momentos de la muerte cuando uno se despide de esta tierra. El ministro funciona en un contexto tormentoso que requiere que esté por encima de las circunstancias de la vida, y no controlado por esas circunstancias.

El ministro hará su trabajo principalmente por medio de las relaciones personales e interpersonales. Su éxito dependerá de sus capacidades para relacionarse positivamente dentro de su familia, con los miembros de su iglesia, con los colegas en su denominación y con la comunidad.

Hubo un tiempo cuando el ministro, junto con el médico, gozaban del respeto y prestigio de la mayoría de las personas en la comunidad. Algunos estudios han indicado que en los Estados Unidos, en 1925, el ministerio estaba en el cuarto lugar de preferencia de los jóvenes. En 1969 el ministerio había bajado al puesto número veintisiete en preferencias. En los países donde predomina el catolicismo romano, los religiosos gozan de mucho prestigio, aunque siempre hay evidencia de una falta de respeto de parte de algunos. En estos países el ministerio evangélico no goza del prestigio de la comunidad en general; pero ciertamente, entre los evangélicos el ministro se ve como persona merecedora de profundo respeto. Este hecho se debe a un aprecio general hacia la fe cristiana, a pesar del hecho de la presencia en cada comunidad de unos cuantos ateos y otras personas que profesan cierto secularismo o humanismo. Esta actitud no les permite dar mucho lugar a la religión, la iglesia, ni a los líderes religiosos.

Hoy en día, hay un ambiente creciente de secularización y de escepticismo con relación a la importancia de la iglesia en la comunidad. Esto se debe al hecho de que muchas personas tienen una educación científica y/o tecnológica que ha creado en ellas un escepticismo con relación a las cosas espirituales. Muchos en la comunidad ganan más dinero que el ministro, y en algunas partes el ministerio paga sueldos más bajos que cualquier otra profesión. Cierto autor llega al punto de decir que el ministro no aporta nada positivo en la comunidad.

Estas circunstancias han creado más estrés en el ministerio en la actualidad que en otras generaciones. Hoy en día se lee frecuentemente acerca de la crisis de ministros y del hecho de que más pastores están abandonando el pastorado que en cualquier otra época. ¿A qué se debe todo esto?

Algunos estudios indican que el estrés es una experiencia común, que alcanza al 75% de los ministros, y que el ministro experimenta estrés durante todo su ministerio. Sin embargo, se experimenta más estrés durante los primeros años en el ministerio, con una tendencia de disminuir a medida que el pastor pasa más tiempo en el ministerio (Mills & Doval, *Stress in Ministry*, p. 54). Hay tres épocas durante la carrera del ministro cuando se experimenta más estrés. Primero, entre los tres a cinco años después de haber terminado los estudios en el seminario, el ministro pasa por una época de crisis que se caracteriza como depresión y desilusión. Esto se debe al hecho de que el idealismo que tenía al graduarse del seminario ha desaparecido y lo invade el realismo. Su iglesia no lo ve como la solución de todos los problemas, ni lo acepta como el mesías que él mismo pensaba ser. Sus sueños chocan con la realidad de que su ministerio no es tan efectivo como él imaginaba. La gente deja de asistir a los cultos, y sus consejos no se consideran infalibles ante el cuerpo de diáconos.

El segundo período de crisis, si es que el ministro sobrevive el primero, acontece entre los diez a doce años después de estar en el ministerio, o sea, cuando el hombre tiene de 40 a 45 años de edad. Es la época de reflexionar sobre el pasado, su eficacia o ineficacia, y el ministro se pregunta si en verdad quiere pasar el resto de sus años en las mismas funciones como ministro. Teme que va a vivir el resto de su vida y después sentir que no ha aportado en forma significativa a la vida de otros o al mejoramiento de las circunstancias en el mundo.

La tercera época de estrés acontece cuando el ministro llega a los cincuenta y cinco hasta los sesenta años de edad. Esta es la época cuando se da cuenta de que las iglesias están buscando a un pastor más joven que él. Escucha sugerencias tenues de algunos en la iglesia que piensan que un pastor más joven podría ser un líder más influyente entre los jóvenes en la iglesia y la comunidad. Se siente inseguro en el lugar donde está trabajando, pero no tiene ninguna invitación para considerar otro lugar de servicio.

Juntamente con el estrés entre ministros viene la confusión de la identidad del ministro como factor que afecta su eficacia. Carl F. H. Henry pregunta:

> ¿Quién es el ministro, y qué es lo que está tratando de hacer? ¿Es un hombre ordinario tratando de ganarse la vida, o es uno con un complejo mesiánico que está tratando de corregir a todos? ¿Cuál es su lugar en la era del espacio? ("Recipe for a Waffling Minister", *Christianity Today, V,* July 3, 1961, p. 20).

Algunos ministros experimentan confusión con relación a su identidad en el ministerio porque toman la decisión durante la adolescencia, cuando las personas no están en condiciones de tomar la responsabilidad completa de sí mismas. Puede ser una decisión impulsiva, resultado de un culto religioso cargado de emocionalismo momentáneo, cuando muchas personas son inspiradas a pasar adelante y dedicar sus vidas a actividades religiosas. La persona puede experimentar un llamamiento genuino en esta manera, pero muchas decisiones tomadas en estas condiciones no perduran. Y entre los que perduran, muchos se desilusionan después de unos años en el ministerio.

Algunos clasifican las decisiones como las de fantasías, las tentativas y las realistas. (Thomas W. Klink, "The Career of Preparation for the Ministry", *Journal of Pastoral Care*, Fall, 1964, p. 202).

El ministro puede experimentar confusión en cuanto a su identidad porque hay una mezcla de motivaciones en su decisión de ser ministro. Algunos toman la decisión por presión de los padres u otras personas influyentes en su vida. Ellos lo empujan al ministerio. Otros son llevados al ministerio porque creen que como representantes de Dios podrán controlar los impulsos carnales que ejercen mucho poder en su vida. Otros escogen el ministerio porque piensan que van a tener muchas oportunidades para influir (controlar) a otros. Otros buscan una aceptación que no han sido capaces de brindarse a sí mismos. (Thomas Klink, "The Ministry as Career and Crisis", *Pastoral Psychology*, June 1969, p. 19).

El ministerio se ha dividido entre cuatro ciclos. El primero es la época de preparación, cuando el ministro es joven y lleno de idealismo. Tiene ambiciones muy espirituales, y no es influido tanto por asuntos económicos. Está listo para dedicarse al ministerio porque quiere servir a Dios y ayudar a los hombres a encontrar la felicidad en el reino de Dios. El segundo ciclo es la época de establecimiento en un lugar de servicio donde uno tiene responsabilidades delante de otros y remuneración de alguna índole. Algunos jóvenes se estrellan en este ciclo, porque después de los años de preparación no encuentran ninguna iglesia que los invite a ser pastores o ningún puesto de responsabilidad o remuneración. El tercer ciclo se llama la época de mantenimiento. El ministro se establece en algún puesto de responsabilidad. Llega a ser respetado por las personas en la organización. Puede llegar a tener puestos de influencia y liderazgo en la denominación local o nacional. Esta es la época de mayor contribución de parte del ministro. El cuarto ciclo es cuando su influencia comienza a disminuir y se acerca a la jubilación. No goza de tanto poder, pero todavía tiene un ministerio que le da un sentido de satisfacción y cumplimiento en la vida.

Todo lo que hemos dicho hasta este punto recalca el hecho de que el ministerio está en crisis. La crisis puede derivar de varias causas, incluyendo las circunstancias de secularismo y de pluralismo que forman parte de nuestra época, la competencia de otras personas con una educación igual o superior a la del ministro y que son líderes en la comunidad, y las actitudes de las personas que forman parte de las iglesias donde el ministro ejerce su ministerio. Puede ser por haber tomado una decisión basada en el idealismo más bien que en el realismo, o puede ser que el ministro no haya entendido bien la naturaleza del ministerio. Cualesquiera que sean las causas, el joven que considera el ministerio hoy en día como vocación tiene la oportunidad de reflexionar sobre su decisión y estar seguro de que es la voluntad de Dios y lo que el joven desea.

Esta obra tiene el propósito de ayudar al ministro a tomar las decisiones con mayor inteligencia y reflexión, reconociendo especialmente las normas éticas que rigen en el ministerio. Cuando pensamos en la ética para ministros, no estamos pensando en principios que son distintos de las normas éticas para todo otro cristiano. En un sentido, la ética para ministros es igual a la ética para todo cristiano. Sin embargo, hay circunstancias especiales para ministros que no entran en juego para otros profesionales. Por ejemplo, si uno va a un médico por un problema de salud, el médico lo examina, le receta algunas medicinas u otros tratamientos, y el paciente se va, sin saber nada del médico, su familia, u otros asuntos personales. Pero en el ministerio, la vida privada del ministro afecta su funcionamiento en la comunidad. Si no está viviendo una vida ejemplar en la comunidad, pronto los miembros de la iglesia se dan cuenta y le hacen reclamos.

Por eso Pablo aconseja a los ministros que sean "irreprochables". Esto abarca mucho, y el ministro se da cuenta rápidamente en su ministerio que es difícil complacer a todos los miembros de la congregación, la comunidad en general y su denominación. Al fin y al cabo, tiene que poseer unos principios cristianos básicos y luchar para ponerlos en práctica en su vida privada y pública, y seguir adelante sin pasar horas preocupándose por si ha ofendido a alguien o no.

En las páginas que siguen vamos a considerar algunas de las normas que ayudarán al ministro a funcionar en su ministerio con mayor efectividad y manejar las circunstancias de estrés con mayor facilidad. Los consejos vienen de alguien que ha invertido su vida en la enseñanza de jóvenes y señoritas que están preparándose para servir al Señor, y de alguien que ha pasado muchos años observando el éxito entre algunos y el fracaso entre otros cuando terminan su preparación formal y salen para funcionar en el ministerio. Los consejos se dan con el fin de ayudar a los principiantes tanto como a los que han pasado años en el ministerio.

1

RESUMEN BIBLICO DE LOS REQUISITOS MORALES DE LOS LIDERES ESPIRITUALES

Introducción

Cuando pensamos en las normas éticas para ministros, naturalmente comenzamos con una consideración de las enseñanzas bíblicas con relación al tema. Si estudiamos la Biblia con un enfoque sobre el papel de los líderes religiosos, nos impresionamos con las cualidades éticas y morales que se esperaban de estos ministros. Vamos a comenzar el estudio con una presentación de lo que se espera de los ministros de Dios desde el punto de vista bíblico. Después, presentaremos un panorama histórico de los personajes que desempeñaban papeles de líderes entre el pueblo de Israel. El estudio progresa para analizar las cualidades morales de los dos grupos de líderes que actuaron en el pueblo de Dios —los sacerdotes y los profetas.

Cuando llegamos al Nuevo Testamento, tenemos que considerar el criterio de Jesús al escoger a los doce discípulos, y enfocar los requisitos éticos para los discípulos, los apóstoles y los misioneros novotestamentarios. Estas enseñanzas nos darán una base para establecer criterios para los ministros hoy en día. A la vez, nos inspiran para luchar por poner en práctica estas normas.

1.1 ¿Qué se espera del ministro de Dios?

El ministro de Dios tiene que ser una persona con una experiencia religiosa muy profunda, que abarca el nuevo nacimiento y un caminar constante con Dios. Cuando leemos de los grandes personajes que Dios utilizaba en tiempos pasados, hombres y mujeres, nos impresionamos con estas cualidades. Por eso, debemos decir que el ministro de Dios tiene que ser una persona que haya conocido a Dios en una forma personal. No podemos establecer pautas para esta experiencia, porque Dios se revela a cada persona en forma distinta. Abram caminaba bajo las luces de las estrellas cuando Dios le habló. Moisés estaba en el desierto apacentando las ovejas y el ganado, y Dios le habló por medio de la zarza ardiente. Jacob acababa de tener una riña con su hermano, lo cual resultó en su fuga de la casa, y Dios le habló por medio de un sueño. Pablo estaba en una misión para matar a los mismos seguidores de Cristo cuando vio la luz del cielo que lo detuvo y le hizo ver que lo que hacía iba en contra de la voluntad de Dios. Cada persona tendrá una experiencia religiosa con diferentes circunstancias, pero ninguna puede negar que ha escuchado la voz de Dios si verdaderamente ha sido convertida.

El ministro de Dios tiene sed por las almas perdidas. Anhela que otras personas tengan la misma experiencia. Se sacrifica para que otros lleguen a experimentar lo que él mismo ha experimentado. Andrés, al encontrar a Jesús, corrió para comunicar las buenas noticias a su hermano Pedro. Lo lamentable es que muchas veces hay personas que son muy celosas durante los primeros meses o años de su conversión, pero después pierden algo de su celo evangelizador. ¿Cómo podemos mantener el ardor de las llamas que nos consumen cuando recientemente hemos tenido ese encuentro con Dios que ha cambiado nuestras vidas?

El ministro deberá mantener una vida devocional muy activa si ha de tener eficacia en el ministerio. Es lamentable que muchas veces la persona que debe ser ejemplo delante de todos los demás, no es buen ejemplo en su práctica de mantener una comunión dinámica con el Señor a través de la lectura de la Biblia, la meditación y la oración. Es impresionante el hecho de que los discípulos descubrieron en muchas ocasiones que Cristo se levantaba muy de mañana, para ir a un lugar aislado para comunicarse con el Padre celestial (Mr. 1:35; Lc. 6:12; 9:28; 22:39). Entre ministros se conversa mucho sobre las cosas espirituales, pero en muchas ocasiones los mismos ministros tienen una vida devocional muy esporádica. El ministro tiene que ser persistente, y mantener su vida devocional a todo costo.

Para lograr esta vida espiritual vibrante, el ministro necesita cultivar la práctica de leer libros devocionales escritos por otros. Las ideas presentadas en estos libros le serán de inspiración. Las biografías y autobiografías de grandes personajes de la historia formarán una base para la reflexión sobre las experiencias propias de cada uno. Además, el ministro debe buscar oportunidades de participar en programas especiales que tienen como meta el desarrollo espiritual de los participantes.

1.2 El ejemplo de los patriarcas

Los primeros líderes en la historia bíblica de la humanidad, el pueblo escogido de Dios, desempeñaron responsabilidades cívicas, sociales y religiosas. Cuando leemos las experiencias de Noé y Abraham, vemos en ellos a personajes que se sentían responsables por sus familias inmediatas y las familias extendidas. Isaac y Jacob eran patriarcas que asumían las responsabilidades para todos dentro de la comunidad. Eran vistos como personas que actuaban con autoridad sobre todos los demás, pero también eran hombres que asumían la responsabilidad de guiar al pueblo según las normas que Dios les había revelado. Aunque estamos hablando de la época anterior a la revelación bíblica de los Diez Mandamientos, era una época cuando estos patriarcas demandaban respeto por la propiedad, protegían las relaciones matrimoniales y respetaban la vida humana.

¿Qué caracterizaba a estos líderes? La Biblia no contiene comentarios sobre su vida moral, excepto el relato de la vida tal cual era en aquel entonces. Sabemos que cuando Noé se emborrachó, esto se vio como pecado (Gn. 9:21). Al despertarse, Noé se dio cuenta de que su hijo Cam lo había visto borracho y desnudo. Pronunció una maldición sobre Canaán, hijo de Cam.

Abram, el padre de los judíos, escuchó el llamado de Dios y sacó a su familia de Harán en obediencia a ese llamado, para llegar a una tierra que Dios le había prometido. El gran patriarca tomó las responsabilidades de líder espiritual tanto como político. Junto con su sobrino, Lot, llamaban a todos a una devoción genuina a Jehová. Un tiempo después, cuando Lot y su esposa estaban en la región de Sodoma y Gomorra, reconocieron la seriedad de los pecados de los habitantes de esa región.

En varias ocasiones durante esta época Abraham pecó al ir a Egipto y decirle allí a Faraón que Sara, su esposa, era su hermana. El cometió este pecado porque temía por su propia vida. Pero cada vez que lo hizo se arrepintió de este pecado, y así se evitaron consecuencias graves. La dedicación a Jehová se muestra cuando dio los diezmos a Melquisedec, y éste le bendijo (Gn. 14:17-24). Su vacilación en la fe se ve cuando se impacientaba respecto al cumplimiento de la promesa que Dios le había hecho en cuanto a un hijo. Pero al fin, Dios cumplió su promesa. La fe de Abraham se probó aún más en el mandato de Dios para sacrificar a su hijo (Gn. 22:16, 17).

En este resumen, podemos ver cómo el líder de la familia y de la tribu también era un personaje que temía a Dios y buscaba la manera de estar relacionado con él en forma correcta. Tomaba la responsabilidad por el desarrollo moral y espiritual de los miembros de su familia y todos los esclavos y pastores que le acompañaban.

El caso de Jacob muestra en una forma más clara que él era un líder espiritual. Jacob cometió sus pecados, engañando a su hermano Esaú y también a su suegro; pero era un hombre sensible que escuchaba la voz de Dios. Cuando huía de su hermano, Dios se le apareció en la noche, y Jacob hizo un voto de consagración (Gn. 28:20-22). Jacob, como buen padre, asumió la responsabilidad por el desarrollo moral y espiritual de su familia. Cuando estaba regresando de la tierra de Labán, los hijos se metieron en problemas morales con los heveos. Cuando Jacob se dio cuenta del problema, llamó a su familia a un retorno a Dios (Gn. 35:2). En su trato con los hijos vemos que Jacob se vio como el patriarca, y el representante de Dios entre los habitantes de esa región. Era un hombre a quien todos respetaban, y su autoridad se manifestó hasta su muerte (Gn. 48:20, 21).

1.3 Moisés

Cuando llegamos a estudiar la vida de Moisés, vemos a un libertador, legislador y representante espiritual de Dios entre el pueblo. La vida de Moisés tiene mucho para inspirar a un ministro. Es ejemplo de uno que obró porque sintió que Dios le había llamado. Moisés nunca se escapó de la llama de fuego en la zarza ardiente por medio de la cual Dios le llamó para ir a Egipto y librar a los esclavos de la servidumbre. (Ex. 3:2-10).

Su papel como líder espiritual se ve en toda su vida, pero tal vez la experiencia más dramática está en haber sido el mediador por medio del cual Dios reveló los Diez Mandamientos a su pueblo. Moisés había experimentado el poder del Dios verdadero en la comunión con él en el Monte Sinaí. Cuando bajó de la montaña, encontró al pueblo en la idolatría, danzando alrededor de un fuego con un becerro de oro (Ex. 32:1-21). Dios les llamó al arrepentimiento, y Moisés actuó como el representante espiritual para mediar entre el pueblo y Dios.

En todas estas experiencias, Moisés también fue sacudido por las experiencias que él tuvo con Dios. Así es la vida del ministro durante todos los años que está sirviendo al Señor. Moisés aprendió muchas lecciones de Jehová durante los siguientes años, cuando estaban en el desierto esperando la entrada a la Tierra Prometida. Era un hombre que se comunicaba con Dios, para explicar sus pruebas, y Dios siempre le escuchó y le levantó de la depresión emocional para inspirarle a seguir adelante en su servicio. En esto vemos una de las cualidades más importantes para el ministro de Dios. Tiene que ser una persona inclinada a llevar sus cargas a Dios y confiar en el poder del Dios que le llamó para darle la motivación a seguir adelante en su propósito.

Nos inspiramos con el ejemplo de Moisés. Seguramente él sirve de modelo para cada ministro. Era un hombre fiel a Dios a pesar de los sufrimientos y la oposición que experimentó por parte de su pueblo.

1.4 Los sacerdotes

En el Pentateuco encontramos normas presentadas para los sacerdotes; líderes religiosos cuyas responsabilidades incluían la mediación entre el pueblo y Dios en los sacrificios de los animales. Lo interesante es que Dios estableció requisitos de mucho significado para los sacerdotes. Por ejemplo, hay normas relacionadas con el vestido del sacerdote (Ex. 28:1-12, 29). El sacerdote llevaba los nombres de los hijos de Israel en el pectoral del juicio sobre su corazón, por memorial permanente delante de Jehová.

En el acto de la consagración de Aarón, sus hijos también participaron, implicando la responsabilidad de toda la familia del sacerdote (Ex. 29). En el mismo capítulo de Exodo hay unas normas que tienen que ver con el sostenimiento del sacerdote y su familia: "Y comerán aquellas cosas con las cuales se hizo expiación, para llenar sus manos para consagrarlos; mas el extraño no las comerá, porque son santas" (Ex. 29:33).

Entre los requisitos elaborados para los sacerdotes hay algunas normas que nos impresionan por su naturaleza ética y moral. "Tú, y tus hijos contigo, no beberéis vino ni sidra cuando entréis en el tabernáculo de reunión, . . . para poder discernir entre lo santo y lo profano, y entre lo inmundo y lo limpio" (Lv. 10:9, 10). Levítico 21 contiene varias otras prohibiciones para los sacerdotes, entre las cuales están el no tocar cadáveres, el no hacer tonsura en la cabeza ni raer la punta de su barba, ni hacer rasguños en su carne. Tampoco debían casarse con una ramera ni con mujer repudiada de su marido (vv. 1-7).

Había requisitos muy estrictos para los hijos del sacerdote también. "Y la hija del sacerdote, si comenzare a fornicar, a su padre deshonra; quemada será al fuego" (Lv. 21:9).

Para ser sacerdote el hombre tenía que tener un cuerpo sin defectos. "Porque ningún varón en el cual haya defecto se acercará; varón ciego, o cojo, o mutilado, o sobrado, o varón que tenga quebradura de pie o rotura de mano, o jorobado, o enano, o que tenga nube en el ojo, o que tenga sarna, o empeine o testículo magullado" (Lv. 21:18-20).

Estas normas resaltan varios principios que tienen relevancia para nosotros hoy en día, aunque no somos tan legalistas en exigir el respeto a los mismos principios. Podemos decir que el ministro es un líder espiritual y debe poder merecer el respeto de todos los **demás en la comunidad. No debe tener defecto que cause falta de** respeto hacia su oficio y llamado. La presentación y el estado físico son de vital importancia en el ministerio; si hay defectos se prestan a apodos o sobrenombres o a faltar el respeto al ministro.

1.5 Los profetas

Aunque el comienzo del movimiento profético es oscuro, se puede ver que en los días de Samuel había grupos que andaban juntos y hacían énfasis en los elementos morales y culturales que se consideraban de importancia para la nación (1 S. 10:10, 11). Los profetas precanónicos actuaban de tal manera que representaban la conciencia moral del pueblo en asuntos relacionados con la honestidad y la protección de la moral del pueblo. Natán fue llamado por Dios para declarar a David su pecado (2 S. 12). Elías fue llamado para declarar a Acab su pecado cuando determinó quitarle la viña a Nabot (1 R. 21).

Cuando estudiamos las enseñanzas de los profetas, nos damos

cuenta de que el elemento moral figura muy prominentemente en los temas. El hecho de condenar la injusticia económica, la opresión de los pobres, la mentira, el engaño y la corrupción personal y social implica que los profetas tenían que ser ejemplos de las virtudes positivas en estas esferas. Algunos profetas se relacionaban con los reyes y príncipes en la nación, lo cual nos presenta un ejemplo para el ministro de hoy en día que logra ser consejero de los líderes políticos. ¿Cómo puede el ministro de hoy ser consejero del rey sin inmiscuirse en la política?

Uno de los grandes problemas en el día de los profetas era que algunos profetas "falsos" siempre pronunciaban las palabras para manipular al pueblo en vez de comunicarles el mensaje de Dios. "Así ha dicho Jehová acerca de los profetas que hacen errar a mi pueblo, y claman: Paz, cuando tienen algo que comer, y al que no les da de comer, proclaman guerra contra él" (Mi. 3:5). El profeta verdadero clamaba por una vida moral que acreditaba al mensajero de Dios. Esto forma la base del mismo ideal para los ministros en el día de hoy.

1.6 Las enseñanzas de Jesús

¿Cuáles son los requisitos para los líderes religiosos que podemos derivar de las enseñanzas de Jesús? Un estudio somero de los Evangelios revela como contestación no solamente los requisitos positivos para líderes religiosos; también revela las características negativas que no deben de poseer.

Al comenzar su ministerio público, Jesús vio la necesidad de llamar a los que habían de ser sus colaboradores en la obra en los años futuros. No tenemos en los Evangelios ningún pasaje que nos revele el criterio o las cualidades de los que habían de ser sus discípulos. Reconocemos que Jesús en su sabiduría divina discernía lo que estaba en el corazón de cada uno. Seguramente Cristo fue guiado por el potencial que vio en cada una de las personas que él llamó. Podemos reflexionar sobre las cualidades de cada uno, y reconoceremos que eran productos de la cultura social y las influencias religiosas de su día.

Cristo llamó a los discípulos a una vida diferente que abarcaba la transformación espiritual de cada uno. El los llamó a dejar su trabajo para dedicarse a la vida del discipulado. Los llamó a dejar sus familias, a lo menos por épocas, para acompañarle en su recorrido por las regiones de Palestina. Los llamó a tomar la cruz.

Esto implica el embarcarse en una misión cuya naturaleza era diferente de lo que habían hecho anteriormente.

Jesús pasó el tiempo con los discípulos ministrando a las personas necesitadas y enseñando a la gente la naturaleza del reino de Dios, el cual él había venido a establecer. Les llamó a considerar los valores morales y espirituales que iban a poner en tensión sus deseos personales y naturales con el llamado a vivir una vida dedicada a una misión cuya naturaleza es espiritual. Seguramente, Jesús observaba el progreso en la vida de cada uno de sus discípulos. Sabemos que Judas no pasó las pruebas finales, porque era ladrón de corazón (Jn. 12:6). Otros de los discípulos tenían que luchar con el egoísmo y sus consecuencias que despertaban disputas entre ellos (Mt. 20:23-28).

En las enseñanzas éticas de Jesús se resaltan los ideales morales para la humanidad. El Sermón del monte destaca las normas más altas de todos los maestros y filósofos en el curso de la historia desde el punto de vista de los principios éticos que allí se elogian. El ministro tiene un gran desafío al tomar en serio estas enseñanzas y determinar seguirlas en su ministerio.

Cristo resumió la Ley, las enseñanzas de los profetas y sus propias enseñanzas en el mandamiento: "Amarás a Dios . . . y amarás a tu prójimo como a ti mismo" (Mt. 22:37-40). El amor es la cualidad que garantizará cada día el éxito para el ministro.

1.7 Los Hechos de los Apóstoles

La iglesia naciente que vemos en Hechos de los Apóstoles tenía líderes con cualidades morales y espirituales que despertaban respeto de parte de la comunidad de creyentes. Cuando la iglesia hubo crecido tanto en los primeros meses, fue necesario buscar a personas para servir como diáconos y ayudar en el servicio a los demás. Entre las cualidades que tenían que reunir se destacaba que debían ser de "buen testimonio y llenos del Espíritu Santo" (Hch. 6:5). Personajes como Bernabé, Felipe, Esteban, Saulo, Timoteo, Tito, Silas, Lidia y Dorcas aparecen como líderes con cualidades morales y espirituales que les hacían destacarse en las páginas de este libro de historia de la iglesia primitiva durante la época de expansión en toda Asia Menor hasta llegar a Roma.

La calidad de la vida moral y la consagración de estas personas a la causa son las claves para el crecimiento numérico y espiritual de este movimiento durante esos años. ¡Ojalá pudiéramos capturar de nuevo el celo evangelizador y misionero de estos pioneros del cristianismo! ¡Es posible! Todo lo que tenemos que hacer es imitar su sinceridad, su dedicación al Señor y su compromiso con Dios.

1.8 Las enseñanzas de Pablo

Cuando llegamos a considerar las enseñanzas de Pablo referentes a las normas éticas y morales para ministros, encontramos pasajes que tratan con cristianos en general, que ciertamente son aplicables; pero también encontramos varios pasajes que tienen que ver especialmente con el ministro. Pablo pasó mucho tiempo enseñando a los jóvenes ministros, por medio de sus palabras y su ejemplo.

La base sobre la cual fundamenta Pablo su ética pastoral es el señorío de Cristo (George Eichholz, *El Evangelio de Pablo*. España: Salamanca, 1977, p. 369). Este tema es central en los pasajes que llaman a los ministros para servir al Señor (Gá. 2:20). Si el ministro del Señor obedece al señorío de Cristo, está habilitado para desempeñar las funciones que Pablo mismo sentía que debía realizar. En todas sus cartas Pablo se identifica como esclavo y siervo de Jesucristo, de modo que no se pertenece a sí mismo (Ro. 14:7-9).

Pablo también insiste en que los fuertes deben de aconsejar a los débiles con actitud de misericordia y con la meta del fortalecimiento mutuo (1 Co. 9:19-23). La meta que Pablo presenta aquí es que los fuertes sepan entender a los débiles y restaurarles a la comunión con Dios y con la iglesia (José María González, *El Evangelio de Pablo*. Madrid: Maroba, 1977, p. 69).

Pablo sufrió abusos como ministro del Señor a manos de personas ajenas a la iglesia y de personas dentro de la iglesia también. En su segunda epístola a los corintios él defiende su ministerio (2 Co. 10—12) y termina esa defensa con las palabras: ". . . porque en nada he sido menos que aquellos grandes apóstoles, aunque nada soy" (2 Co. 12:11b).

Pablo hace énfasis en que el cristiano debe de mostrar el fruto del Espíritu Santo, y lo enumera como "amor, gozo, paz, paciencia, benignidad, bondad, fe, mansedumbre, templanza; contra tales cosas no hay ley" (Gá. 5:22, 23). Si nosotros como ministros podemos tomar este fruto como la meta de nuestra vida, seremos ministros con una madurez espiritual que nos hará fructíferos en nuestro servicio al Señor. En 1 Corintios 13 él presenta su desafío inmortal relacionado con la necesidad de manifestar el amor en las relaciones interpersonales. Esta cualidad es lo que destacaba a los cristianos en las iglesias primitivas, y era la clave de su crecimiento. Es la gran necesidad entre nosotros hoy.

Además de las enseñanzas morales para todo cristiano, Pablo también enfoca las cualidades morales para los pastores (1 Ti. 3:1-7 y Tito 1:5-9). Estos requisitos serán considerados más detalladamente en los capítulos que siguen, ya que es el sumario más completo de las normas éticas para ministros que tenemos en la Biblia. Los jóvenes ministros necesitan estudiar a fondo cada uno de los requisitos, para establecer las pautas que les han de guiar en los años de su servicio al Señor.

1.9 La epístola a los Hebreos

El autor de la epístola a los Hebreos es desconocido, pero tuvo que ser una persona que conocía bien el papel de los líderes sacerdotales en el sistema del judaísmo y a la vez una persona que había experimentado una conversión muy dramática a Cristo. Así tuvo la capacidad de escribir para convencer de la superioridad de la revelación de Cristo por encima de la antiguotestamentaria. En Hebreos 13:7 aparecen estas palabras: "Acordaos de vuestros pastores, que os hablaron la palabra de Dios; considerad cuál haya sido el resultado de su conducta, e imitad su fe." Este versículo afirma la importancia del testimonio del pastor por medio de su conducta. Muchas personas quedan impresionadas al escuchar el evangelio mediante un pastor que les da un testimonio en el ómnibus o en un almacén, o cuando están sentadas en un banco en el parque. Otros esperan meses para observar el testimonio del pastor por medio de su conducta, antes de decidirse a considerar el mensaje que predica. Tal vez el comerciante en la tienda de la esquina está observando a ver si el pastor paga las cuentas del pan y la leche para decidir si su mensaje tiene influencia sobre su honestidad y cumplimiento. Este versículo afirma para nosotros la importancia de la moral en la vida del ministro.

1.10 Las epístolas de 1 y 2 de Pedro

Pedro llama a los cristianos a dar un buen testimonio frente a las tribulaciones. El motiva a los líderes a seguir la voluntad de Dios, porque han sido llamados según la voluntad divina (1 P. 1:14-16). El elemento escatológico es muy evidente en la forma en que Pedro anima a los ministros a ejercer su ministerio, sabiendo que el tiempo es corto (1 P. 4:7 y 2 P. 3:11-14). Este énfasis todavía es pertinente para nosotros hoy en día, ya que nadie sabe el día ni la hora de la segunda venida de Cristo. Muchos creen que estamos viviendo en los últimos días y que tenemos que estar más atentos a las oportunidades que tenemos para ministrar en nombre de Cristo.

Pedro llama a los ministros a ser buenos administradores de la gracia de Dios (1 P. 4:1-11). Aquí Pedro hace énfasis en la diferencia entre los cristianos y los inconversos, porque los cristianos no corren con los inconversos en el mismo desenfreno de disolución. Pedro amonesta a los ministros a ser sobrios y velar en oración (v. 7). También, los desafía a ejercer el don de acuerdo con los varios ministerios, y menciona específicamente la administración, la predicación y el ministerio (vv. 10, 11). Estas tres actividades abarcan las funciones principales del ministro.

1.11 Las epístolas de Juan

Al apóstol Juan le tocó escribir y actuar en una época cuando había muchas manifestaciones de oposición al cristianismo. Se refiere especialmente a los falsos maestros "anticristos", refiriéndose específicamente a las doctrinas gnósticas que habían ganado aceptación en aquel entonces. El maestro verdadero es uno que anda en la luz y habla la verdad (1 Jn. 1:6; 2:4-6; 3:6-9). Juan hace énfasis en las virtudes del amor, la fe y la fidelidad a la verdad como las cualidades que hacen del cristiano el vencedor frente a la oposición. Estas epístolas llaman a los ministros a estar dispuestos a ejercer su ministerio en medio de la oposición y a tener el discernimiento intelectual y espiritual para distinguir entre la verdad y el error. En 2 Jn. 8, amonesta a todos: "Mirad por vosotros mismos, para que no perdáis el fruto de vuestro trabajo, sino que recibáis galardón completo."

1.12 El Apocalipsis de Juan

El Apocalipsis fue escrito a los "ángeles" de las siete iglesias en Asia Menor, y se considera que este término se refiere a los pastores de estas iglesias. La naturaleza de la literatura apocalíptica es tal que trae consuelo a los que están sufriendo a manos de un gobierno pagano que es antagónico al cristianismo. Los pastores que ejercían su ministerio en estas iglesias debieron de haber sufrido mucho por su fidelidad al Señor en medio de la persecución. Esta verdad nos puede inspirar en el día de hoy, porque hay lugares en el mundo donde les toca a los ministros de Cristo pasar por el mismo crisol. Los que vivimos en países donde hay libertad para predicar el evangelio a veces nos olvidamos de los que están en las cárceles en otros países por llevar a cabo las mismas funciones que nosotros ejercemos.

La persecución sirve para separar a los sinceros en su consagración de las personas que pueden estar en el servicio por otros motivos. A veces la persecución viene de manos de los mismos cristianos, y a veces viene de los enemigos del evangelio. Cuando nos toca sufrir por nuestra fe en Cristo, tenemos que decidir si nuestro compromiso va más allá de un servicio durante las épocas fáciles. En esto se manifiestan las cualidades morales del ministro, las cuales hacen resaltar su sinceridad y su fidelidad al Señor.

Conclusión

Al estudiar las enseñanzas de la Biblia que tienen que ver con las cualidades morales y espirituales que se exigían de los líderes espirituales, quedamos impresionados con el hecho de que durante cada época histórica la revelación divina hace resaltar los altos requisitos para los siervos del Señor. En una clase con seminaristas el autor pidió que los alumnos elaborasen una lista de los requisitos para ministros, y que la lista reflejara las enseñanzas de la Biblia. Un alumno presentó una lista de veintiocho principios que había derivado de las normas bíblicas. Otro alumno trajo veinte requisitos en su lista.

Las páginas siguientes van a explorar estos requisitos, comenzando con la persona del ministro y su ética personal. Después, vamos a considerar las relaciones con las personas más cercanas, su familia. De allí vamos a enfocar las relaciones éticas que tienen que ver con la iglesia local, y extendernos de allí a la denominación a que pertenece. Después, estudiaremos las normas que deben de orientar al ministro en las relaciones fuera de su denominación.

2

LA ETICA PERSONAL DEL MINISTRO

Introducción

En el primer capítulo se han presentado algunas de las enseñanzas bíblicas que forman la base autoritativa para determinar normas éticas para los ministros y obreros cristianos. Se ha visto que la Biblia forma la base de autoridad para ayudarnos a establecer dichas normas. Estas enseñanzas a veces vienen en forma de mandamientos. En otras ocasiones se presentan como ilustraciones de personas cuyas experiencias nos sirven para guiarnos en el día de hoy.

El ministro siempre está tomando decisiones que le afectan a él mismo, lo mismo que a su familia, la iglesia, la comunidad donde vive y el mundo que le rodea. El ser ministro del Señor en el día de hoy exige lo mejor que uno pueda ofrecer a Dios y a su prójimo.

2.1 El llamado de Dios al ministro

En algunas denominaciones el escoger el ministerio es una decisión racional que se basa en varias consideraciones de parte del candidato. Pero en muchas otras denominaciones hay un énfasis fuerte en el hecho de que el ser ministro requiere una convicción firme de que uno ha sido llamado por Dios. Este llamamiento se exige para evitar frustraciones que se puedan presentar en dicho llamado e inciden profundamente como factores de permanencia.

Insistimos en que cada ministro tenga una convicción semejante a la experiencia de Pablo y Bernabé, cuando el Espíritu Santo dijo: "Apartadme a Bernabé y a Saulo para la obra a que los he llamado" (Hch. 13:2).

Algunos experimentan el llamado al ministerio por medio de un deseo profundo de servir al Señor; otros resisten el llamado por mucho tiempo y después se rinden a la presión que viene de Dios. Yo recuerdo muy bien que cuando era joven en los primeros años de la vida cristiana me impresionaba mucho la consagración de mi pastor a Dios y a su iglesia. Yo pasaba mucho tiempo imaginándome cómo sería ser un líder espiritual. Con el tiempo llegué a desear ser un cristiano consagrado totalmente a la predicación del evangelio. Sentía que este deseo era el llamado de Dios. Pero cuando llegué a la universidad comencé a escuchar los testimonios de los jóvenes, muchos de los cuales eran veteranos de la Segunda Guerra Mundial y otros adultos casados con hijos, que testificaban de su sentido de llamado, al cual habían resistido por mucho tiempo. Parecía que uno tenía que luchar en contra del llamado de Dios por mucho tiempo para estar seguro de él. Comencé a dudar de ese llamado; y estas dudas produjeron una ansiedad que afectaba mi vida devocional; hasta que decidí ir y hablar con uno de mis profesores sobre mi problema. El profesor era un sabio con muchos años en el ministerio. Me aseguró que muchos experimentaban el llamado por medio del deseo de servir al Señor, y que no era necesario resistir ese llamado. Me relató el caso de Isaías, que se ofreció para responder al llamado de Dios a llevar el mensaje de Dios a su pueblo. Esto me dio la tranquilidad que buscaba, y seguí adelante en mi preparación para servir al Señor.

2.1.1 Los componentes del llamado de Dios

El doctor Jorge Gaspar Landero declara: "El pastor es un hombre de Dios por llamamiento divino. Se ha dedicado a estudiar y predicar la Palabra de Dios. Vive para su iglesia y sufre por ella." ("Ofrenda al Pastor", *El Pastor Evangélico*, junio de 1959, p. 137). El doctor A. T. Bequer recalca esta misma verdad: "Es imposible realizar la función de pastor de una iglesia si no hemos sentido el llamamiento de lo Alto, porque la misión del pastor tiene múltiples facetas:. . ." (*El Pastor Evangélico*, junio de 1959, p. 115). En el curso de la historia Dios llama a cada uno para ser su vocero en el mundo donde uno está viviendo o para llevar las Buenas Nuevas a otros sectores del mundo. El llamado de Dios puede llegar a uno en la forma de una voz audible, como en el caso de muchos de los personajes bíblicos. O puede venir en forma de una convicción interna que persiste a través de un tiempo extenso. Puede ser por medio de una consideración de las necesidades del mundo de hoy. No es posible establecer criterios para que Dios llame en cierta forma, porque Dios es soberano y no podemos dictarle a él cómo ha de llamar a otro. Pero cada uno tiene que escuchar la voz de Dios, según su propia comprensión de ella, y responderle con convicción. Cada persona debe tener una convicción de que Dios le ha llamado. El doctor H. C. Brown, profesor de homilética por muchos años en un seminario, dijo: "El pastor que tiene paz en su alma en relación con su llamamiento, sabe que es un hecho bíblico e histórico. Sabe que Dios lo ha llamado." ("¿Por Qué los Ministros no Abandonan su Trabajo?" *El Pastor Evangélico,* junio de 1966, p. 116). Cada cual debe tener adentro esa llama ardiente de la que habla Pablo cuando dijo: "¡Ay de mí si no anunciare el evangelio!" (1 Co. 9:16). Esto quiere decir que hay un elemento divino en el llamado para predicar el evangelio.

2.1.2 Los elementos inconscientes en el llamado

José María Martínez declara: "La persona que se cree llamada por Dios para servirle debe examinar con la mayor objetividad posible los motivos que le impelen al ministerio." (José María Martínez. *Ministros de Jesucristo,* Tomo I. Barcelona: Editorial Clie, 1977, p. 31). Algunas personas se ofenden si uno menciona la posibilidad de que hay elementos y motivaciones inconscientes que entran en juego en el llamado para predicar. La sicología nos enseña que hay motivaciones conscientes e inconscientes en nuestro comportamiento. Podemos estar conscientes de parte de nuestra motivación, que puede ser un sentido de gran necesidad espiritual de entre un grupo, o un interés especial en cierta clase de trabajo o con cierto grupo de personas. La motivación puede brotar de una ambición de viajar a sectores distintos. Pero juntamente con estos factores conscientes habrá muchos otros de los cuales no nos damos cuenta. Por ejemplo, algunas personas se dan cuenta, después de un tiempo en el ministerio, cuando han tenido mucha oportunidad de reflexionar sobre su motivación y han recibido ayuda de otras personas más sabias que ellas, que su llamado al ministerio responde a una necesidad inconsciente de ser aceptadas por otras personas. Descubren que en el ministerio cristiano hay una mayor oportunidad de experimentar esta aceptación. Otros descubren que están en el ministerio porque esta vocación les ofrece la oportunidad de ser estrellas o actores. Otros predican para expiar una culpa que tienen por algún pecado que han cometido en el pasado. Otros lo hacen por una compulsión que sienten de parte de uno de los padres o familiares. Algunos predican por el poder que tienen sobre otras personas, siendo personajes de autoridad por su prestigio en el ministerio.

Hay personas que luego de reflexionar sobre su pasado descubren que entraron en el ministerio para agradar a uno o los dos de sus padres. La influencia de los valores de los padres, lo que Freud llamó el "super yo", ejerce una fuerza bastante poderosa sobre cada uno de nosotros.

Uno de los problemas más comunes de los seres humanos es el del sentido de aislamiento, el sentirse solos. Cuando uno está en las actividades de la iglesia, con todo el movimiento de los programas, piensa que sería imposible sentirse solo. Por eso, muchos son atraídos al ministerio, porque piensan que van a solucionar este problema. Pero después de estar en el ministerio, descubren que el sentido de aislamiento es uno de los problemas más grandes de los ministros y otros líderes religiosos. Descubren que por la naturaleza de sus responsabilidades muchos ministros llevan una máscara que pone distancia entre ellos y la congregación y entre los sentimientos de todos.

Edward Bratcher, en su libro, *The Walk-on-Water Syndrome*, sugiere que uno de los grandes problemas de los ministros es su necesidad de aparentar ser capaces de solucionar todos los problemas, de hacer milagros, de ser los mejores oradores que existen y de ser personas infalibles en su doctrina y omnipotentes en su capacidad. Lo más terrible es que a veces el ministro no está consciente de esa necesidad que siente. Estas expectativas crean actitudes nocivas para la salud emocional del ministro. Entre esas actitudes se encuentran: (1) Sentimientos de debilidad y poca estima propias. (2) Sentimientos de ser inadecuados para responder a las demandas de todo el mundo. (3) La necesidad de llevar una máscara profesional, como un camuflaje para sus emociones verdaderas y relaciones interpersonales muy débiles (págs. 26-34).

La lista puede extenderse para incluir muchas otras posibilidades. El énfasis que estamos haciendo es que nos conviene a cada uno de nosotros pasar un tiempo tratando de analizar nuestra motivación inconsciente. ¿Qué debemos hacer si descubrimos que hay motivaciones no tan altruistas como habíamos pensado? ¿Debemos abandonar el ministerio? En ninguna manera. El gran predicador y traductor de la Biblia, doctor J. B. Phillips, dice que debemos hacer todo lo posible para pulir nuestros motivos y hacerlos menos egoístas. (Vera Phillips y Edwin Robertson, *J. B. Phillips: The Wounded Healer*, págs. 17, 18). En esta manera podremos llegar a servir con mayor dedicación y menos presión. Cuanto más podamos sacar del inconsciente los motivos, y apoderarnos de ellos en forma consciente, haciendo que las áreas de nuestra vida que anteriormente eran infructuosas lleguen a ser útiles, tanto más efectivos seremos en el ministerio.

2.2 La salud del ministro

El ministro tiene el deber hacia sí mismo, hacia Dios y hacia su familia de mantenerse en el mejor estado de salud posible. Cuando uno pierde su salud, sea física, emocional o espiritual, su eficacia en el ministerio mengua. Por eso, una parte de la ética personal abarca el mantenernos en buenas condiciones físicas, intelectuales, emocionales y espirituales.

2.2.1 La salud emocional

Después de unos pocos años en el ministerio, el pastor puede descubrir que está sufriendo del estrés que viene acumulando por tantas responsabilidades y demandas de la obra. Por un lado, hay personas que esperan que el pastor sea un buen orador, y que predique sermones creativos para estimular a los más educados en la congregación. Hay otros que hacen reclamos porque el aspecto administrativo de la iglesia no está de acuerdo con las normas administrativas de las organizaciones seculares más avanzadas del momento. Otros critican al pastor porque no visita a los miembros de la iglesia con suficiente regularidad. Otros dicen que el pastor no es asequible cuando necesitan un consejero espiritual. Además de todo esto, la familia constantemente reclama el hecho de que dedica casi todo su tiempo a los miembros, y nunca dedica tiempo para la esposa y los hijos. Todo esto, después de un tiempo, crea una crisis emocional para el pastor.

El ministro tiene el deber de mantenerse con la máxima salud emocional. El servicio a Dios demanda mucho del ministro en su vida emocional. Constantemente está ministrando a personas en crisis con experiencias que son conmovedoras. Esto requiere del ministro un equilibrio emocional para poder funcionar en circunstancias de tanta presión. En el curso de un día puede participar en un servicio fúnebre, visitar en el hospital a personas alegres por el nacimiento de un hijo y a otros que están encarándose con la muerte, y terminar el día con una boda de jóvenes miembros de la iglesia. Tiene que tener la capacidad de identificarse emocionalmente con cada persona y grupo, de acuerdo con las circunstancias que estén viviendo, sin perturbarse tanto por las tristezas y tragedias de algunos que llegue a perder su propio equilibrio. Esto requiere estabilidad emocional. Esta estabilidad emocional se puede ver cuando el ministro tiene dominio propio tal como lo recomienda Pablo a Timoteo: "Porque no nos ha dado Dios espíritu de cobardía, sino de poder, de amor y de dominio propio" (2 Ti. 1:7).

Algunos de los mayores problemas de ministros en el campo de su salud mental tienen que ver con el resentimiento, la inmadurez, el sentido de inferioridad, las dudas, el sentido de culpa, y la soberbia, según Wayne C. Clark, en su libro, *The minister Looks at Himself* (Philadelphia: The Judson Press, 1957). Clark dedica un capítulo de su libro a tratar cada uno de estos problemas, con la esperanza de poder ayudar a los ministros a vivir sin las emociones que son destructivas y con las emociones positivas que hacen nuestra vida más feliz y nuestro ministerio más fructífero. Si el ministro puede concentrar sus energías en mostrar el fruto del Espíritu Santo, del que habla Pablo en Gálatas 5:22, 23: "amor, gozo, paz, paciencia, benignidad, bondad, fe, mansedumbre, templanza", entonces todas estas cualidades le ayudarán para mantenerse en buenas condiciones emocionales.

Si el ministro abunda en estas cualidades, va a poder combatir el sentido de inseguridad, el complejo de culpabilidad y la necesidad de atacar a todos los demás para asegurarse de su poder en la iglesia. Esto tiene que ver con la ética personal del ministro porque muchos pastores se sacrifican en el ministerio, o sacrifican a su esposa y/o los hijos, pensando que lo hacen por consagración cuando en verdad lo hacen para cubrir su inseguridad u otros problemas en la esfera de la salud emocional. A veces un pastor llega a encontrarse en una gran dificultad en el ministerio con su iglesia. Llega al extremo de decidir que tiene que ganar en una controversia en la iglesia. No se da cuenta de que el mayor problema es su inseguridad que se manifiesta en su actitud de dictador. Si pudiera alejarse un poco emocionalmente de las circunstancias, estaría en condiciones de reconocer que en verdad no tiene que ganar en esta controversia.

La falta de salud emocional se ve en los pastores que sienten una compulsión de trabajar largas horas los siete días de la semana. Según su punto de vista, la obra así lo requiere. Pero no se dan cuenta de que su compulsión se debe a factores inconcientes. Después de estar unos dos o tres años en un lugar, sienten el deseo de pasar a otra congregación. Siempre esperan que sea a una responsabilidad mayor. Tienen una compulsión de escalar montañas. Al llegar a la cima de una montaña, inmediatamente ven otra montaña más alta en la distancia, y comienzan la lucha para llegar a la cima de ésa. Pasan su carrera luchando en esta forma, y nunça pueden sentarse y descansar, y sentir que lo que han hecho es suficiente. Tienen que hacer más para agradar a Dios.

La ética personal para el ministro abarca la capacidad de bendecirse a sí mismo, reconocer que es aceptado por Dios y por los demás, y a la vez dar bendición a todos los demás. Este concepto ha sido comunicado bien en el libro de Tomas Harris, *Yo Estoy Bien; Tú Estás Bien*. Harris menciona que muchas personas, por alguna dificultad en la niñez, sienten que no están bien. Pueden condenar a los demás también, o pueden sentir que todos los demás sí están bien. La meta para cada persona es sentirse bien y sentir que los demás también están bien. Esta actitud manifiesta mejor salud mental, y a la vez ayuda a uno a trabajar bien con los demás.

Wayne E. Oates, profesor por muchos años en el campo del cuidado pastoral y autor del libro *The Struggle to be Free*, menciona la lucha que ha tenido para liberarse de los sentimientos de inferioridad y del sentido de aislamiento, que abarcan el área de la salud emocional del ministro (Philadelphia: Westminster Press, 1983, págs. 29-47 y 65-90).

2.2.2 La salud física

Estrechamente vinculada con la salud emocional del ministro está la salud física. El ministro, como todo ser humano, necesita una cantidad normal de sueño por la noche para descansar adecuadamente. Necesita alimentos sanos para mantener el equilibrio físico. Necesita ejercicio físico todos los días. El horario y las actividades en que participa el ministro no dan suficiente tiempo para el ejercicio físico. Los ministros, por la naturaleza de su trabajo, pasan mucho tiempo sentados en su despacho preparando sermones, estudios bíblicos y programas para la iglesia. Por eso, necesitan programar actividades todos los días que le brinden la oportunidad de caminar o realizar otras formas de ejercicio.

Uno de los problemas de la mayoría de los ministros que pasan de los treinta y cinco años es el aumento de peso. Esto se debe a la falta de ejercicio y demasiada comida. Uno de los pecados más comunes entre los ministros es la glotonería. Los miembros de la iglesia siempre nos invitan a comer. Ellos sacrifican su comida de toda la semana para servir algo suntuoso al ministro. Si aceptamos su invitación en varias ocasiones en la semana, pronto vamos a tener un problema de obesidad.

El ministro necesita un programa constante de ejercicio físico. Si camina mucho en su visitación a los miembros, esto le beneficiará. Si no camina mucho, debe apartar un tiempo todos los días para realizar ejercicios. Los médicos nos dicen que necesitamos ejercicio para acelerar el latido del corazón en una forma sostenida durante veinte minutos todos los días. No es necesario someternos a un programa forzado que nos deje agotados físicamente; simplemente un ejercicio suave y una vigilancia de la cantidad de alimentos que ingerimos nos ayudarán para mantenernos en buenas condiciones físicas.

El ministro necesita someterse a un examen físico cada dos años antes de los cincuenta años de edad y cada año después de cumplir los cincuenta años. Este examen médico nos dará la oportunidad de corregir cualquier mal en las etapas iniciales, antes de que el problema sea crítico.

El ministro necesita tomar medidas para aliviar el estrés en su vida. En los últimos años mucho se ha escrito sobre este tema. Un buen libro, escrito en inglés, especialmente para ministros, se titula: *Burnout in Ministry*, por Brooks R. Faulkner. Las demandas del ministerio son tales que el ministro puede experimentar mucho estrés antes de darse cuenta. El tener un modo de relajarse y el practicarlo en forma regular le ayudarán. Cada persona tendrá una capacidad distinta para soportar las presiones de su trabajo, y cada uno tendrá su forma especial de relajarse. No es necesario dictar a cada persona lo que tiene que evitar ni lo que tiene que hacer para relajarse.

El ministro necesita un tiempo y una forma de recreación que pueda ayudarle a sentirse "recreado". Para algunos esto puede significar viajes a lugares aislados para experimentar la soledad; para otros pueden ser oportunidades para tener compañerismo con amigos íntimos. Es bueno si el ministro puede separar un día para estar con la familia y participar en actividades del gusto de ellos.

El ministro necesita tomar vacaciones cada año. Las iglesias deben animar a su pastor a que tome vacaciones, salga de la comunidad y disfrute de un descanso. Durante esta ocasión puede dedicar tiempo a la lectura, al planeamiento de su programa de predicación y a aprovechar la oportunidad de visitar otras iglesias para observar sus programas. Esto le beneficiará a él y a su iglesia y el pastor y su familia regresarán renovados para trabajar con más energías.

Wayne Oates habla de la necesidad de librarse de aceptar todas las invitaciones que recibe para predicar, enseñar, dictar conferencias y participar en reuniones que comprometan al ministro hasta el punto de quedar completamente agotado (*The Struggle to be Free*, págs. 129-143). La necesidad de alimentar el "yo", la necesidad de ser reconocido como persona importante, y a veces la necesidad económica presionan al ministro para aceptar invitaciones extras que posteriormente minan sus energías y hasta su salud. Numerosos son los ministros que se despiertan a los cuarenta y cinco años de edad, para descubrir que han logrado la fama pero han perdido el amor y respeto de sus hijos y su esposa.

2.2.3 La salud intelectual

El ministerio requiere que el pastor alimente intelectualmente a su congregación en su mensaje formal dos o tres veces en la semana. Para poder hacer bien esto, el pastor necesita pasar de tres a cuatro horas cada día en la preparación intelectual. Muchas personas dejan de asistir a la iglesia porque no reciben suficiente estímulo intelectual para hacerles querer seguir asistiendo. El ministro debe estudiar durante toda la vida. Debe tener un programa variado de lectura, y utilizar lo que lee en ilustraciones para sus sermones. Así la gente sabrá que van a recibir estímulo intelectual cuando van a la casa de Dios para adorar.

La congregación no espera que el pastor esté completamente informado como especialista en todos los campos; eso es imposible. Pero ella lo respetará más si se da cuenta por medio de sus sermones que está informado en términos generales de lo que está pasando en el mundo. Su predicación reflejará si está estudiando, o si depende de ideas viejas de épocas pasadas que todos ya habrán escuchado muchas veces. Esto es muy importante, pues el ministro debe tener ideas permanentemente frescas. El auditorio por lo general contiene personas que con frecuencia van a escuchar algo nuevo, como le ocurrió a Pablo. "Qué querrá decir este palabrero", decían los epicúreos y estoicos (Hch. 17:18), pues esperaban que se les dijera algo nuevo.

No es posible legislar en cuanto al mejor lugar para estudiar, ni qué horario es el mejor para todos. Cada persona tendrá que determinar eso, según las circunstancias locales y su propio reloj interno. Algunos prefieren estudiar en las horas de la mañana, porque pueden concentrarse mejor. Otros prefieren hacerlo en las horas de la noche, cuando todos los demás están dormidos, porque así no experimentan interrupciones. Algunos prefieren estudiar en casa porque hay menos estorbo que en el templo. Otros prefieren ir al templo para estudiar, porque los ruidos de la casa y las interrupciones de los niños no les dejan concentrarse en lo que están estudiando. No hay una sola situación que sea ideal para todos. Cada persona puede encontrar la hora y el lugar más convenientes y con menos interrupciones. Lo indiscutible es que el pastor tiene que dedicar tiempo a la preparación de sus sermones y estudios bíblicos. La gente tiene mucha sed del mensaje de Dios, y agradecerán a la persona que se disciplina para predicar y enseñar ese mensaje.

El ministro tiene que cultivar su actualización en su doctrina, teología y filosofía. El apóstol Pablo encargó rigurosamente a su discípulo Timoteo sobre este aspecto: "Ocúpate en la lectura, la exhortación, y la enseñanza" (1 Ti. 4:12). Debe buscar oportunidades para participar en programas de actualización en el seminario del país donde está trabajando. Casi todos los seminarios ofrecen cursos que los pastores pueden aprovechar cada año. Otras instituciones locales, como institutos y universidades, ofrecen cursos seculares que pueden ayudar mucho al ministro para avanzar en sus conocimientos intelectuales. Podría matricularse en un curso en la universidad local, para mantenerse al día en varios campos. Puede aprovechar las bibliotecas locales para usar sus libros y así ahorrar la inversión de su propio dinero. Si puede leer un libro por mes de los nuevos que están saliendo de las casas publicadoras, esto le ayudaría a mantenerse al tanto de lo que pasa en el mundo.

2.2.4 La salud espiritual

Es paradójico que la persona que inspira a tantos a cultivar una vida devocional activa a veces queda faltante en este aspecto de su propia vida. Algunas encuestas hechas en seminarios indican que el separar un tiempo todos los días para leer la Biblia y comunicarse con Dios para el beneficio personal del ministro es una necesidad grande entre todos. A veces los ministros pensamos que, puesto que pasamos todo nuestro tiempo en comunicación con Dios, en oración intercesora por las necesidades de otros, en la preparación de mensajes para predicar y en el ministerio a la grey, no es necesario tener un tiempo especial para comunicarnos con Dios. Pero esto es un error en nuestra lógica. El ministro que separa un tiempo cada día para meditar sobre la Palabra de Dios en su propio beneficio, podrá ministrar con mayor eficacia y autoridad espiritual.

La mayoría de predicadores famosos recomiendan mucho la oración como parte de la clave del éxito. La predicación sin oración da como resultado congregaciones muertas. Cada enseñanza, cada sermón, si llega a dar en el blanco, es el resultado de la vida espiritual del ministro.

Una de las razones por las que algunos ministros abandonan el ministerio y otros sienten una presión agotadora es la falta de una salud espiritual dinámica. Podemos ver un ejemplo de salud espiritual en la vida del Señor Jesús, cuando continuamente se alejaba para orar: "Y saliendo, se fue, como solía, al monte de los Olivos; y sus discípulos también le siguieron. Cuando llegó a aquel lugar, les dijo: Orad. . . Y él se apartó de ellos a distancia como de un tiro de piedra; y puesto de rodillas oró". (Lc. 22:39,40).

En los últimos años hemos observado que los seminarios están despertando a la necesidad de enseñar a los jóvenes seminaristas las maneras de cultivar una vida devocional activa, puesto que varios de ellos han contratado a profesores para esta área y tienen cursos con crédito que tienen que ver con el estudio devocional de la Biblia y la oración. James D. Crane, quien durante muchos años fue un líder espiritual en México y otras partes del mundo, ha escrito un libro sobre la oración para ayudar a los ministros en este campo. Martin Thornton, clérigo de la Iglesia Anglicana, ha escrito *Spiritual Direction*, un libro que trata de explicar cómo los líderes deben de guiar a otros en su desarrollo espiritual (London: SPCK, 1985).

¿Qué puede hacer el ministro ya graduado del seminario para ayudarse a sí mismo en este sentido? Además del estudio de la Biblia para su crecimiento personal, y la comunión con Dios por medio de la oración, cada uno puede buscar otras maneras de enriquecer su propia vida espiritual. Algunos han descubierto que la lectura de sermones de predicadores muy respetados alimentan su vida espiritual. Otros escuchan a otros predicadores por radio y televisión para recibir estímulo espiritual. Otros son inspirados por medio de la música sagrada. Cada uno tiene que descubrir lo que da resultados en su propio caso.

2.3 Una ética de compromiso

Los ministros, u obispos de una iglesia, no sólo han de ser capaces de dirigir la iglesia, sino que también deben ser hombres de carácter elevado, con cualidades que indiquen un auténtico desafío a seguir a Cristo.

2.3.1 Una ética irreprensible

En los requisitos para los obispos (pastores) que Pablo nos da en 1 Timoteo 3 aparece la palabra "irreprensible". Esta palabra, sumada a los demás requisitos que Pablo menciona, presenta las normas éticas más altas para el ministro en su vida personal tanto como en su vida pública.

Esto abarca el hecho de que el ministro debe tener templanza para controlar sus propios deseos carnales. Compromete el testimonio de la iglesia cristiana cuando el ministro es víctima de los vicios del alchohol, tabaco, drogas, o cualquier otro producto o deseo que es perjudicial para su cuerpo. El pueblo, cristiano o inconverso, no tiene mucha paciencia con el ministro que es descubierto en uno de estos vicios.

La ética personal incluye el hecho de que el ministro debe controlar sus impulsos sexuales. Los ministros evangélicos acostumbran casarse y tener su propio hogar, porque esto se considera normal. En el matrimonio se da la oportunidad de expresar el amor genuino, incluyendo el sexo. Esto es bendecido por Dios y es una manera de canalizar los impulsos en forma sana. Sin embargo, con frecuencia se escuchan las noticias trágicas de que algún pastor ha fracasado por una relación extramarital. Esto trae desgracia a Dios, al ministerio como vocación divina, a los demás ministros y a la comunidad cristiana en general. Por eso, cada ministro debe ejercer un control constante de sus impulsos y no permitir encontrarse en una situación donde la tentación puede apoderarse de él.

Hay muchas prácticas que parecen inocentes y que la gente dice que son aceptables para el ministro, pero que pueden ser el primer paso hacia un desliz moral que trae consecuencias funestas. Por ejemplo, el ofrecer el pastor llevar a una dama en su auto o en su moto, puede aparecer como gesto de cortesía, pero algunos que han fracasado dan testimonio del hecho de que su problema comenzó con ese gesto de cortesía tan inocente.

La relación de consejero y aconsejada entre el pastor y una dama en su iglesia puede solucionar problemas serios para la dama y su familia. Pero los dos deben de tomar todas las pecauciones para evitar malentendidos y chismes de entre las personas de afuera. El ministro no debe ir a la casa de una señora si sabe que su esposo no está en casa, a menos que su esposa pueda acompañarle. Es recomendable tener a otras personas en el edificio de la iglesia si el pastor acustumbra aconsejar en el templo. Debe mantener abierta la puerta de su oficina si no hay ventana, para evitar la posibilidad de una situación con repercusiones negativas. El testimonio de personas que han vivido experiencias tristes basta para que tomemos en serio estas medidas de prevención, pues ni aun el apóstol Pablo escapó al comentario de sus enemigos que le asediaban permanentemente y tuvo que hacer una defensa de su ministerio, ya que se le imputaban cargos que atentaban contra él mismo (1 Co. 9:3, 5). De la misma manera, el ministro de hoy debe tener sumo cuidado en cada uno de sus actos.

2.3.2 Una ética económica

El ministro no tendrá éxito en el ministerio si está motivado fuertemente por el dinero y las cosas materiales. Con raras excepciones, los ministros pasarán su vida en servicio a la humanidad y al Señor sin mucha recompensa material. Se ha dicho en multitud de veces que la mayor recompensa es la satisfacción espiritual que uno tiene al saber que ha ayudado a otros. Cada ministro tiene que recordar las palabras de Jesús: "De cierto os digo, que no hay nadie que haya dejado casa, o padres, o hermanos, o mujer, o hijos, por el reino de Dios, que no haya de recibir mucho más en este tiempo, y en el siglo venidero la vida eterna" (Lc. 18:29, 30).

La situación económica de la mayoría de los pastores es uno de los nervios más sensibles. La gran mayoría viven constantemente preocupados por necesidades de la familia que no pueden cubrir con el sueldo que reciben. Cada mes trae más días que dinero para comprar la comida, la ropa, las medicinas y las demás necesidades de la familia de los pastores. Las iglesias deben tomar más interés en aumentar el sueldo del pastor cada año. Algunas encuestas hechas en varios países indican que en muchos casos los pastores reciben menos que el sueldo mínimo legal. Esto no debe ser así. También las encuestas indican que los ministros reciben un sueldo muy por debajo del de otros profesionales con la misma cantidad de preparación que se requiere de un pastor graduado de un seminario. La Biblia dice: "Digno es el obrero de su salario" (Mt. 10:10; 1 Ti. 5:18). Es lamentable cuando el ministro y su familia tienen que pasar experiencias dolorosas por carecer del sueldo suficiente porque la iglesia no reconoce su necesidad.

La mayoría de los ministros tienen más preparación formal que el gran procentaje de los miembros, pero su sueldo refleja el nivel de vida de los miembros más pobres o por debajo de la escala del promedio de los miembros. Los miembros de las iglesias deben estudiar bien el sueldo de sus pastores, sus capacidades y su beneficio para la obra del Señor. Al hacerlo, seguramente van a sentir la necesidad de aumentarles el sueldo.

Conclusión

El ministro es un siervo del Señor, que ha dedicado su vida a una misión que es básicamente espiritual en su naturaleza. El pasará su vida esforzándose por ayudar a las personas a relacionarse con Dios en una forma aceptable. Para poder hacerlo, tiene que tener una autoimagen sana, y encontrar alegría en el llamado que Dios le ha dado. No tendrá mucha eficacia si ejerce su ministerio con resentimiento por no estar ganando el dinero que otros profesionales ganan, o si no tiene las mismas comodidades que otras personas tienen con la misma preparación académica y experiencia.

El ministro necesita respetarse a sí mismo, lo cual incluye el cuidado de su propio cuerpo, y la protección de su salud. Necesita recordar que su grado de eficacia en la obra será proporcional a su capacidad de mantenerse en buena salud.

El ministro luchará para mantenerse alerta intelectualmente, para poder alimentar a los feligreses. Esto tendrá un efecto positivo sobre sí mismo tanto como sobre los miembros en la iglesia. La gente se acercará a escuchar al pastor que tiene un mensaje de Dios, basado en la Palabra de Dios y que responde a las necesidades de las personas en el mundo contemporáneo.

3

EL MINISTRO Y SU FAMILIA

Introducción

Llegamos ahora al tema de las normas éticas para el ministro en relación con su familia, y las normas para la familia y la iglesia donde están sirviendo. La felicidad en el hogar del ministro contribuirá mucho a su éxito en todo su ministerio. Por eso, el ministro debe dedicar el tiempo necesario para su esposa y los hijos. Si los descuida mientras está ministrando a todos los demás en la comunidad, puede perder una gran oportunidad con sus propios hijos, porque los niños pueden llegar a resentir el hecho de que su padre tiene tiempo para pasar con otros y tan poco tiempo para ellos.

Las estadísticas comprueban que los hijos de ministros se destacan en muchas profesiones y en trabajos que requieren grandes capacidades y rendimientos, más que los hijos de cualquier otro grupo profesional. Por esta razón, el pastor y su esposa no deben preocuparse por la posibilidad de perjudicar a sus hijos con las privaciones de cosas materiales en la casa pastoral. La aceptación, el calor emocional y el estímulo constante a establecer metas altas cubrirán toda deficiencia de cosas materiales. Es cierto que la mayoría de los pastores no pueden brindarles a sus hijos todas las ventajas que tendrían con una situación económica próspera; sin embargo, tendrán otras ventajas. Tendrán una apreciación de los valores más altos en la vida y una oportunidad de conocer y experimentar las ventajas culturales que pueden aportarles valores mucho más altos que los materiales.

En este capítulo vamos a dedicarnos a considerar algunas sugerencias que pueden enriquecer la vida del pastor y su familia.

3.1 Deberes del esposo y padre

El esposo tiene la gran responsabilidad de hacer todo lo posible para brindar felicidad a todos los miembros del hogar. Para poder hacerlo, tiene que tomar en serio esta meta, y su papel de esposo y padre de familia. Nuestra cultura tradicional dicta que el esposo y padre sea la fuente principal de sostenimiento económico del hogar. Pero en los últimos años ha habido un cambio de actitudes y prácticas en esto, de modo que es bastante aceptable que la esposa trabaje también y ayude a sostener los gastos económicos del hogar. Esto trae tensión en otras esferas, porque la esposa que trabaja fuera del hogar no tiene todo el tiempo para dedicarse a las actividades hogareñas. Los esposos y padres tendrán que adaptarse a las cincunstancias cambiantes si la esposa trabaja fuera del hogar. Vamos a considerar algunas de las normas más importantes que promoverán felicidad y armonía en el hogar del pastor.

3.1.1 Deberes hacia la esposa

Edward B. Bratcher (*The Walk on Water Syndrome*, págs. 85-107), hizo un estudio para descubrir las fuentes de estrés sobre la familia del pastor. Una razón que descubrió es que todos los miembros de la iglesia esperan que la familia del ministro sea un ejemplo de éxito, en el sentido de armonía, unidad, ejemplos morales para la comunidad y que comuniquen prosperidad económica por medio de su modo de vestirse, muebles y arreglos en la casa pastoral y en cualquier otra dimensión. Todo esto a pesar del hecho de que casi siempre el sueldo del pastor no es adecuado para tales logros. Otra razón es que el ministro necesita una familia ejemplar para dar credibilidad a su ministerio. Esta necesidad de éxito pone cierta presión sobre cada miembro del hogar. Una tercera razón es que la congregación espera que el pastor, su esposa y los hijos cumplan con ciertos papeles que se han establecido en la iglesia desde generaciones atrás, y estas expectativas no dan al pastor y su familia la libertad de tener su propia identidad y desarrollarse según sus características especiales. Por ejemplo, cuando una de nuestras hijas era muy pequeña, tenía un deseo intenso de tomar lecciones de ballet. Yo me oponía a tales lecciones, porque temía el "qué dirán" de toda la familia cristiana evangélica compuesta por las iglesias locales, la denominación y la familia seminarista donde trabajaba. En muchas ocasiones mi esposa me ha hecho el reclamo de que debiéramos de haberle provisto estas lecciones, y aguantar la crítica de la comunidad.

Algunas iglesias esperan que la esposa del pastor sea "pastora asociada" sin sueldo. Esperan que ella sepa todo lo que está pasando en las organizaciones de la iglesia, y cuál es la opinión de su esposo sobre todo asunto en la iglesia y la comunidad.

Otra fuente de estrés para la familia del pastor es el descuido de éste hacia aquélla. Muchas son las ilustraciones de hogares tensionados porque el esposo, que es ministro, dedica todo el tiempo disponible al programa de la iglesia y los miembros que necesitan de su ministerio, y descuida su propia esposa e hijos.

La esposa de un obispo anglicano da su testimonio. Dijo que al decidir casarse con un clérigo tenía sueños de participar con su esposo en ganar al mundo para Cristo. Siete años después dijo: "Aquí estoy, rodeada de cuatro hijos, amarrada a los quehaceres hogareños, y esperan que asista a todas las reuniones y las organizaciones de la iglesia; me siento como viuda porque mi esposo nunca está en casa conmigo. Los clérigos deben ser célibes, porque ninguno debe esperar que la esposa tome un trabajo tan despectivo. No es cristiano."

Otra fuente de estrés para la familia del pastor es la falta de privacidad. En la iglesia siempre hay personas que buscan al pastor y su familia. Algunos ofrecen su amor y amistad con motivación sincera. Otros llegan porque necesitan ayuda de alguna índole. La puerta de la casa pastoral siempre está abierta para saludar y recibir a toda persona que llega. Esto trae tensión en la familia, porque no pueden llevar una vida normal debido a la presión de las multitudes. A veces la familia del pastor se siente como los discípulos de Jesús, cuando las multitudes le seguían constantemente. Van a querer que el Maestro los mande para la casa. Un hijo de pastor comentó sobre esta circunstancia deciendo: "Uno nunca tiene un territorio que sea propio."

Es paradójico, pero otra fuente de tensión para la familia pastoral es el sentido de aislamiento. Aunque siempre hay multitudes alrededor del ministro y su familia, no hay personas a quienes puedan comunicar sus temores y sueños mas íntimos. No hay amigos en quien confiar los secretos que uno quisiera compartir con un confidente.

La obediencia a las instrucciones bíblicas para los esposos es la mejor manera de evitar y aliviar el estrés en los matrimonios de ministros. Vamos a considerar estas enseñanzas. En cada pasaje donde se habla de deberes conyugales aparece el mandamiento para el esposo de amar a su esposa. Pablo elabora sobre este amor, diciendo que debe de ser parecido al amor que Cristo tiene para la iglesia. ¿Cómo amó Cristo a la iglesia? Primeramente, *fue un amor sin condiciones*. Cristo vino al mundo para salvar a los perdidos, y estableció la iglesia como la comunidad de cristianos para ayudarse mutuamente y extender su mensaje a otros. Por medio de esta comunidad, los perdidos llegan a sentir el amor y la aceptación de Dios. En segundo lugar, *fue un amor que llevó a Cristo a dar su vida por la humanidad*. Esto quiere decir que el amor del esposo por la esposa debe llevarlo a la disposición de estar listo a sacrificarse por su esposa. De vez en cuando se lee de casos donde literalmente el esposo se sacrifica por la esposa debido a alguna crisis. Esto es loable, e impresiona a todos.

En tercer lugar, *este amor de parte del esposo debe llevarle a considerar en primer lugar las necesidades de la esposa*, antes de buscar su propio placer o satisfacción. El amor verdadero entre cónyuges quita el egoísmo. Cuando hay conflicto entre ellos, casi siempre se puede captar egoísmo de parte de uno o los dos cónyuges. Por eso, el pastor debe luchar para quitar de su vida toda forma de egoísmo.

En cuarto lugar, *los esposos necesitan saber que el amor abarca más que el sexo*. Uno de los grandes problemas entre matrimonios es que la esposa siente que está siendo utilizada por el esposo simplemente para satisfacer su deseo sexual. Las esposas se quejan de que el esposo no le presta las atenciones que son tan importantes para ella, como el felicitarla por una comida que prepara para el esposo, el expresar gratitud por todas las atenciones que ella manifiesta hacia el esposo, como el arreglo de la ropa, la vigilancia de la dieta, el cuidado de los hijos, y un sin fin de otras actividades que ella hace por el esposo y los hijos. El esposo necesita recordar los días especiales, como el cumpleaños de la señora, el día del aniversario de bodas, y otros días que tienen significado especial para cada familia. La esposa necesita estas expresiones verbales y emotivas del afecto del esposo.

El esposo que es pastor necesita dedicar tiempo especial a su esposa, ya que invierte mucho de su tiempo en el trato con otras damas en la iglesia y la comunidad. El necesita establecer la práctica de tener una cita especial con la esposa una noche por semana o por quincena, para que los dos mantengan vivos su amor y para dedicar su atención especial a la esposa. Casi siempre los pastores dicen que no hay dinero para hacer gastos de esta índole, pero uno no tiene que gastar gran cantidad de dinero para disfrutar de un rato agradable con la esposa. Ella estará agradecida por el tiempo, el esfuerzo y lo que implica la dedicación de un tiempo exclusivo para ella.

3.1.2 Deberes hacia sus hijos

El pastor debe ser buen ejemplo como padre de familia. Esto abarca muchas cosas. Incluye amor por los hijos e interés en ellos y en su desarrollo. Todo niño necesita el tiempo de los padres, especialmente del papá. La madre pasará mucho tiempo con el niño en su cuidado, pero el padre tiene que programar un tiempo cada día con sus hijos. No debe tener tantas responsabilidades fuera del hogar que llegue demasiado cansado para tomar unos minutos para jugar con los hijos. Cuando ya están en el colegio, el padre debe mostrar interés en lo que están estudiando, y en el progreso de cada uno. Es bueno si puede ayudar a cada uno con las tareas de vez en cuando, para cerciorarse de su progreso y para saber lo que están recibiendo. Debe participar en las reuniones de padres de familia, porque así los hijos captan el mensaje que tal participación conlleva.

Los padres deben disciplinar a los hijos. Esta es responsabilidad de ambos padres, y el papá no debe delegar toda esta disciplina en la mamá. A través de la disciplina los niños aprenden a respetar la autoridad, y cuando ellos sean adultos, sabrán ejercer la autoridad. El proceso de la disciplina es prolongado pero debe ser constante. Los padres que no disciplinan a los hijos no saben el daño que hacen.

3.1.3 Deberes respecto al sostenimiento del hogar

Nos hemos referido al aspecto económico del sostenimiento del hogar en el capítulo anterior. La iglesia tiene la responsabilidad de pagarle al pastor un sueldo digno y adecuado para cubrir las necesidades de la familia. En todos los estudios que se han hecho sobre las causas de estrés en los hogares de pastores, los ingresos inadecuados encabezan la lista. Hace años hice una encuesta entre pastores de varios países en América Latina, para descubrir sus necesidades y causas de preocupación. Casi sin excepción, una de las dificultades mayores de cada pastor era la estrechez económica en que vivían.

A veces los miembros que demandan de sus patrones aumentos de sueldo por su trabajo son renuentes en reconocer que el pastor tiene la misma lucha en suplir las necesidades de su hogar. Los laicos necesitan cumplir con su deber de ser buenos mayordomos de lo que Dios les ha dado, y a la vez reconocer su responsabilidad de sostener dignamente a su pastor y su familia.

Cada miembro del hogar tiene que colaborar en dar pasos para economizar cuando hay una escasez. A veces el ministro tendrá que conseguir permiso de la iglesia para buscar un empleo suplementario para cubrir los gastos del hogar. Puede buscar oportunidades para enseñar unas horas en algún colegio, o hacer otros trabajos que no demanden mucho de su tiempo y energías. Esta no es la situación ideal, pero puede ser necesaria en casos donde las capacidades de la iglesia son limitadas.

3.1.4 Deberes respecto al desarrollo espiritual de cada uno en el hogar

Como el pastor es el líder espiritual de la iglesia también es el líder espiritual de su familia. El debe tomar la iniciativa para el desarrollo espiritual de cada miembro de su familia. Es bueno tener un culto familiar cada día cuando todos pueden estar juntos, pero también es bueno tener ratos especiales con cada individuo en el hogar y darse cuenta de los problemas especiales que cada persona tiene. Es importante estar disponible para los hijos cuando experimentan inquietudes espirituales, y cuando están sintiendo interés por el evangelio. Dichoso es el pastor que tiene la oportunidad de conducir a cada uno de sus hijos a Cristo.

Cuando los hijos lleguen a ser adolescentes, tendrán tentaciones especiales de fuentes ajenas al hogar. Estarán expuestos a influencias no cristianas de entre los demás asistentes al colegio y en la calle. Estarán considerando muchas posibilidades en cuanto a una vocación. Todo esto quiere decir que el hijo adolescente apreciará una atención especial de parte de su padre en estas circunstancias.

La queja más frecuente que se escucha de parte de la familia del pastor hacia el esposo y padre es que no pasa tiempo suficiente con su familia. En muchos casos tenemos tiempo para los hijos de todos los demás en la comunidad, pero descuidamos a nuestros propios hijos y sus necesidades físicas y emocionales. Si el pastor quiere funcionar con eficacia en la comunidad, y si quiere tener un hogar feliz, necesita programar actividades en las cuales pueda separar un tiempo para jugar con los hijos, para llevarles a un paseo de vez en cuando, y para dialogar con ellos. Así, el padre establecerá un nexo íntimo y sabrá en qué están pensando cuando lleguen a ser maduros, y podrá comunicarse con ellos más fácilmente.

Cada familia necesita la oportunidad de tomar vacaciones anualmente. Si el pastor y su familia hacen sus planes con anticipación, pueden disfrutar de un tiempo en el que cada miembro del hogar tendrá oportunidad de hacer algo agradable. Pueden disfrutar de muchas horas felices haciendo los planes respecto a dónde quieren ir, qué van a hacer y cómo van a costear los gastos para ese viaje. Pueden disfrutar de la planificación y la preparación antes de las vacaciones, tanto como de las vacaciones mismas. Esto sirve para unificar a la familia, y para establecer metas comunes entre todos. Los niños siempre recordarán estas oportunidades que han tenido de aportar sus ideas con la familia, y será un recuerdo grato.

Debemos añadir algo sobre la familia del pastor cuando los hijos ya son adultos y han salido del hogar. Es el momento de la reflexión de parte de cada uno. Los padres estarán agradecidos al Señor por los años en que han tenido el privilegio de ser padres y criar a los hijos. Y los hijos pueden reflexionar sobre las grandes bendiciones que han recibido por haber nacido en un hogar cristiano donde los padres estaban dedicados al servicio del Señor. Puede ser el momento para perdonar. Los hijos necesitan perdonar a sus padres las equivocaciones que cometieron, a veces inocentemente, durante la crianza de los hijos. Y los padres perdonarán a los hijos por todas las tribulaciones que vivieron durante los años en el hogar. Dichoso es el hogar en el que todos pueden reflexionar sobre el pasado y sentir que las experiencias felices predominaron en medio de todas las experiencias vividas. David Seamonds escribió un libro hace unos años que puede ser de mucha ayuda para padres e hijos en este sentido. Su título es *The Healing of Memories* (Wheaton: Victor Books, 1985). El autor recomienda que si hay emociones de odio, resentimiento, o rencor en los hijos adultos hacia sus padres, es necesario confesar estas emociones a Dios en presencia de un ministro que comprenda de las relaciones interpersonales. Pueden tener una sesión de oración intercesora, pidiendo la sanidad emocional que resulte en la paz y la tranquilidad que permitirá a la persona vivir con mayor felicidad.

3.2 El lugar de la esposa del pastor

La esposa del pastor también tiene la responsabilidad de aportar para la felicidad del hogar. Ella puede garantizar el éxito de su esposo en el ministerio, o puede encaminar su ministerio a un fracaso. La señorita que está enamorada de un joven que piensa ser pastor necesita considerar seriamente si puede ser feliz en el papel de esposa de pastor. Especialmente antes de comprometerse con el joven pastor debe orar mucho y conversar con otras esposas de pastores y líderes en la denominación para estar segura de que entiende todo lo que se espera de ella. Bratcher dice que el caso del pastor es como otros profesionales donde el esposo tiene que estar disponible para servir durante las veinticuatro horas del día y los siete días de la semana. La esposa tiene que comprender esto, y no desilusionarse después de un tiempo (pág. 95). También agrega que la adaptación de la esposa cuyo esposo toma la decisión de entrar en el ministerio después de estar en otro trabajo o profesión es aún más difícil, ya que ella tiene que cambiar de su identidad ya establecida en un papel a la identidad de esposa de ministro (pág. 89).

3.2.1 El papel de esposa del pastor

Hay varios papeles que juega la esposa del pastor. Hemos hablado de la tradición como factor determinante en el ambiente de la iglesia donde uno sirve con la familia. Tradicionalmente en muchas iglesias la esposa del pastor desempeñaba las funciones de "ayudante" o "asistente" del pastor. Esto abarcaba mantener todo en el hogar en buen orden, incluyendo la preparación de las comidas para la familia, el arreglo de la ropa para todos, el aseo de la casa pastoral y el hacer las compras de lo necesario en el hogar. Además de esto, ella debía estar en todos los cultos de la iglesia y las reuniones denominacionales. Ella debía figurar como miembro activo en las organizaciones femeniles, participar en la enseñanza de los niños de la iglesia y ser activa en el programa musical. Tenía que apoyar al esposo y su programa sin cuestionar nada. Tenía que contestar el teléfono como secretaria eficiente y mantener todos los compromisos de su esposo delante de él. También tenía que ser una persona de cualidades espirituales sobresalientes, y un ejemplo de espiritualidad y consagración. Nadie puede desempeñar bien todas estas funciones y cumplir bien con todas estas responsabilidades, pero es sorprendente cuántas personas en la iglesia tienen expectativas de esta índole para la esposa del pastor.

En los últimos años algunas esposas de pastores han rechazado este papel tradicional del pasado, y han tenido la osadía de expresar que quieren sentirse independientes de la profesión de su esposo. En algunos casos la esposa del pastor ha trabajado fuera del hogar en alguna actividad o profesión. El resultado es que los demás ya no tienen expectativas tan irreales de la esposa del pastor. Ella apoya a su esposo, pero no acepta tantas demandas de parte de los miembros de la iglesia. Aunque hay algunos que la critican de vez en cuando, otros miembros han aceptado el hecho de que ella tiene limitaciones sobre sus capacidades, y están dispuestos a reconocer que es una persona especial con sus necesidades y derechos.

Además, el movimiento de liberación femenina ha dejado sus influencias en las iglesias cristianas, de tal manera que algunas esposas de pastores han expresado su determinación de funcionar en el ministerio en una forma más profesional, cumpliendo funciones que anteriormente se consideraban prerrogativas solamente del hombre. Personalmente, creo que el cristianismo ha tratado muy mal a las damas, aceptando sus servicios con abnegación y beneficiándose con sus talentos, pero sin dejarles la posibilidad de ocupar los puestos más altos de liderazgo en la iglesia y la denominación. Todavía no puedo aceptar la idea de que una dama pueda ser ordenada como pastora, pero sí veo muchos puestos que pueden ocupar las damas, inclusive la presidencia de las organizaciones denominacionales.

3.2.2 ¿Dominio o sumisión en el matrimonio?

Pablo y Pedro han creado grandes controversias en las iglesias cristianas con sus enseñanzas respecto a que las esposas deben de estar en sumisión a los esposos. También las referencias que dicen que el esposo es la cabeza del hogar presentan problemas para las esposas que se consideran en el mismo nivel del esposo. ¿Debemos considerar que estos versículos ya no tienen pertinencia, puesto que las mujeres gozan de igualdad con los hombres en el día de hoy?

Hoy en día se debate mucho el tema de la autoridad en el hogar. Este es un problema para todos los hogares, pero es especialmente importante que el pastor y su esposa establezcan algunas normas para ellos, ya que todos en el hogar estarán esperando señales claras de los esposos y padres en relación con la disciplina y otras expresiones de la autoridad.

Hay dos filosofías básicas en cuanto a la autoridad en el hogar. Una tiene que ver con una jerarquía de autoridad, en la cual Dios imparte la autoridad a Jesucristo, al esposo, a la esposa y después a los hijos. Esto quiere decir que todos tienen que estar en sujeción a la persona que está en el puesto inmediato superior. La esposa está sujeta al esposo, y los hijos estarán en sumisión al padre si está en casa o a la madre si el padre no está presente. Esto tiende a dictar que la esposa no tiene autoridad sobre los hijos, a menos que el esposo le delegue esa autoridad. Hay personas que sugieren esta organización administrativa del hogar como Bill Gothard y Timoteo LaHaye. Ellos utilizan como base los versículos que hablan de la sumisión en Efesios 5 y 6 y Colosenses 3 y 4. Además citan 1 Pedro 3 para ilustrar que Pedro también hace énfasis en la sumisión.

La otra filosofía recomienda una relación más democrática entre el esposo, la esposa y los hijos. Sugiere que todos en la familia pueden tomar las decisiones después de considerar todo lo que está involucrado en cada circunstancia. Respeta el lugar del esposo y la esposa, pero también considera que los hijos pueden colaborar en las decisiones. Hay personas que recomiendan este plan, como Tomás Gordon y Haim Ginott. Ellos sugieren que debemos explicar a los hijos los propósitos de los varios artículos en el hogar, y pedir su respeto de acuerdo con el propósito que cada objeto tiene. El niño que se desarrolla con imposiciones sin explicaciones será frustrado y rebelde.

Cada matrimonio tiene que decidir cuál de los modelos es el más indicado para ellos, y ser consecuente en ejercer la autoridad según lo acordado entre los dos. Esta unidad de decisión en cuanto a la manera de vivir bajo autoridad traerá armonía y felicidad en el hogar, y evitará muchos conflictos. El pastor respetará a su esposa y la afirmará constantemente en cuanto a la disciplina y las demás decisiones en el hogar.

3.2.3 Deberes de la esposa del pastor

La Biblia da mandamientos claros que tienen que ver con las responsabilidades de las esposas hacia sus esposos. El apóstol Pablo menciona estos deberes en Efesios 5:22-24 y Colosenses 3:18. Pedro también hace referencia al tema en su epístola (1 P. 3:1-7). Vamos a mencionar algunos de estos consejos, que son para toda familia, y después recalcar los que especialmente tienen que ver con el hogar del pastor.

Según Pablo, la esposa debe estar sujeta al esposo (Ef. 5:22). Tenemos que reconocer que Pablo está hablando desde el contexto histórico del primer siglo, en el que la mujer se consideraba inferior al hombre. En algunas culturas, la esposa era propiedad del esposo. Por ejemplo, Moisés dio derecho a los hombres para divorciarse, pero no era el derecho de la esposa (Dt. 24:1-4).

Dentro de la comunidad cristiana, Pablo aquí está diciendo que el hombre es el responsable por el sostenimiento del hogar y las actividades que acontecen en el mismo. El, con la participación de la esposa, toma las decisiones que tienen que ver con la dirección que ha de tomar el hogar, los valores morales y espirituales que se afirman, las metas principales que tiene la familia y la responsabilidad económica para responder a las necesidades del hogar. En la gran mayoría de los casos la esposa estará contenta al saber que su esposo se preocupa por estos asuntos, y le apoyará en ellos. La esposa se siente segura cuando sabe que el esposo la quiere, y que tiene el futuro del hogar como enfoque primordial en sus pensamientos y sus acciones.

Esto se aplica al pastor en su hogar en el sentido de que él es quien tiene que decidir el enfoque principal de su ministerio. Seguramente, él va a consultar con la esposa cuando esté considerando una invitación a trasladarse a otro lugar para ministrar. Ambos orarán juntos sobre esto, y dialogarán sobre todas las ventajas y desventajas en cuanto a la decisión. Pero cuando se tome la decisión, le toca al hombre comunicar esto a la comunidad, tomar la responsabilidad principal por la decisión y ocuparse del traslado a otro campo para trabajar.

Este mandamiento de Pablo no dice que el esposo debe ser un dictador que toma las decisiones sin considerar las necesidades ni el punto de vista de la esposa en los asuntos relacionados con el matrimonio. Ni tampoco que él determine cuánto hay para gastar en todas las necesidades del hogar. O que él solo tome la decisión sobre el colegio en el que van a estudiar los niños, y las otras múltiples decisiones que hay que tomar en el curso de la crianza de los hijos y el manejo del hogar. Las damas resisten con razón la idea de que ellas no tienen ningún aporte en esto y que simplemente tienen que estar en sujeción.

En 1 Pedro 3:3, 4, encontramos otros consejos para las esposas. "Vuestro atavío no sea el externo de peinados ostentosos, de adornos de oro o de vestidos lujosos, sino el interno, el del corazón, en el incorruptible ornato de un espíritu afable y apacible, que es de grande estima delante de Dios." Esto se aplica a la esposa del pastor. Una vez un pastor le dijo al autor que algunos en la iglesia criticaban a la esposa porque llevaba zapatos rotos. Entonces su madre le regaló unos pares de zapatos que no necesitaba, y después criticaron a la esposa del pastor porque estaba comunicando su superioridad a las demás damas al tener varios pares de zapatos. El pastor no sabía qué hacer con la gente de la iglesia que siempre estaba lista a criticar. Podemos decir que el pastor y la esposa deben vestirse en forma normal, de acuerdo con las costumbres en el lugar donde viven. No deben insistir en vivir en un nivel muy superior al de los miembros de la iglesia; pero ciertamente, no deben vivir en un nivel inferior. Si pueden conocer la forma de vida del promedio de la congregación, y tratar de vivir en ese nivel, evitarán muchas críticas.

La congregación apreciará las virtudes espirituales que cultivan el pastor y su esposa. Pedro menciona estas virtudes como compasión, amabilidad y una actitud no vengativa (1 P. 3:8, 9). Si la congregación se da cuenta de que el pastor y la esposa están en el ministerio por un sentido de llamado de Dios, y que quieren servir a Dios por medio del servicio a la comunidad, ellos van a hacer todo lo posible por asegurar que el servicio sea más agradable para todos.

La esposa del pastor debe saber que está casada con un personaje de influencia en la comunidad. Todos los demás estarán observando al pastor y escuchando sus consejos y enseñanzas. Por eso, ella debe colaborar para que su influencia sea extendida en forma positiva. Esto quiere decir que ella se preocupa por la apariencia física de su esposo, que tenga la camisa limpia y bien planchada, y que su aspecto físico sea agradable. A la vez, ella colabora con su esposo para hacer de su ministerio un éxito en la comunidad. Ella debe reconocer que hay muchas damas que quisieran tener un esposo como el de ella, a pesar de sus debilidades. Además, ella tiene una gran oportunidad de servir al Señor por medio de sus atenciones hacia el esposo.

La esposa del pastor debe reconocer que su esposo será codiciado por parte de otras damas en la comunidad. Muchas damas llegarán a la iglesia buscando ayuda espiritual pero con el tiempo desarrollarán fantasías pensando cuán bueno sería tener a un esposo como el pastor. Por esta razón, la esposa del pastor debe cuidar bien a su esposo, asegurándose de que él reciba la satisfacción sexual que necesita en el matrimonio. Esto ayudará al esposo a resistir la tentación que puede venir de damas en la comunidad que tratarán de atraerlo para ellas. Cuando las relaciones entre los cónyuges son fuente de satisfacción, Satanás no tiene tanto éxito en hacerlos caer en sus garras. Pablo dice que los esposos no deben de pasar mucho tiempo sin relaciones sexuales: “No os neguéis el uno al otro, a no ser por algún tiempo de mutuo consentimiento, para ocuparos sosegadamente en la oración; y volved a juntaros en uno, para que no os tiente Satanás a causa de vuestra incontinencia" (1 Co. 7:5).

3.3 Privacidad en la familia pastoral

Una de las quejas que se escuchan de parte de la familia del pastor es que no tienen suficiente privacidad. Todos los miembros en la iglesia saben todo lo que pasa con cada uno de los miembros de la familia pastoral. Los problemas de los hijos en el colegio llegan a ser información pública para toda la comunidad. La familia no puede salir de la ciudad sin que alguien se dé cuenta, y pregunte a dónde van y cuándo van a regresar. Todos en la iglesia saben cuánto gana el pastor, y por eso expresan sus opiniones en cuanto a las compras que se hacen para cada miembro del hogar. Si un hijo se porta mal en alguna forma, inmediatamente los diáconos y todos los demás se dan cuenta. Esto llega a ser una carga pesada para la familia del pastor.

3.3.1 La iglesia necesita aceptar la "humanidad" de la familia pastoral

Ojalá estemos haciendo algún progreso en reconocer que el pastor y su familia son seres humanos, con la misma naturaleza de todos los demás. Esto quiere decir que ellos tienen debilidades, que les pueden llevar a actuar a veces en forma no muy cristiana por alguna provocación. Pero ellos tienen el privilegio de actuar como seres humanos tanto como todos los demás. Cuando los miembros de la iglesia pueden brindar al pastor y su familia la libertad para vivir normalmente, aceptando sus limitaciones como lo hacen para con los demás, esto tendrá un efecto muy positivo, porque les aliviará de cargas muy pesadas.

El pastor y su familia tienen que reconocer que la naturaleza de su trabajo es tal que pasan a ser personajes de importancia en la comunidad. Esto quiere decir que es normal considerar las actividades del pastor y la familia como noticias de interés para todos los demás en la comunidad. Si el pastor se va de viaje, es una noticia para todos. La mayoría de los pastores y sus esposas son personas sociables, y por eso tienen comunicación con otros sobre las actividades de todos en la comunidad. La familia pastoral tiene que desarrollar la capacidad de no sentirse molestos por la curiosidad que tienen las personas en la comunidad sobre sus actividades normales.

3.3.2 La iglesia debe permitir que la familia pastoral tenga privacidad

El pastor y su esposa tienen que enseñar a sus hijos que hay temas que son de interés para la familia, pero que no deben de comunicar la información a los demás en la comunidad. La familia del pastor tiene derecho a tener algunos secretos que son únicamente para ellos. Cada familia ha tenido la experiencia de sorprenderse porque un miembro de la familia ha comunicado un secreto a su mejor amigo, para descubrir dentro de poco tiempo que todo el mundo sabe el secreto. Si los miembros de la iglesia pueden respetar el derecho de la familia pastoral a guardar alguna información para ellos, sin tener que contestar preguntas imprudentes relacionadas con los precios de ciertos artículos, muebles y ropa que han comprado para los miembros del hogar, entonces la familia pastoral estará mucho más feliz y sentirá menos presión.

Hay información que es sólo para el pastor y su esposa, y ellos deben conversar en privado sin confiar esta información a los hijos, hasta el momento indicado para comunicar la decisión. Por ejemplo, si están considerando una invitación para trasladarse a otro campo de trabajo, deben de orar al Señor, conversar entre ellos sobre los factores positivos y negativos, pero no deben de mencionar el hecho a los hijos, hasta que sientan un interés suficiente en el proceso como para considerar que deben de incluirlos en la decisión. Si lo dicen a los hijos, seguramente pronto otros en la comunidad van a saber que están considerando la posibilidad de un cambio. Muchas veces los niños, al darse cuenta de la posibilidad de un traslado, se opondrán al principio, porque no quieren dejar a sus amigos. Por eso, es mejor no causarles preocupación hasta que estén seguros de que Dios les puede estar guiando en este cambio.

Está bien comunicar a los hijos algo de la situación económica, y el presupuesto que tiene la familia para las varias compras. Pero no es bueno cargarles con demasiada preocupación por los aprietos económicos que tiene la familia pastoral. La niñez debe ser un tiempo de alegría y despreocupación en cuanto a la fuente de su alimentación, su ropa y las demás necesidades. Los hijos deben poder crecer y desarrollarse en un ambiente sin mucha ansiedad. Por eso, hay muchos detalles de la vida que serán únicamente del conocimiento del pastor y su esposa. Cuando los hijos llegan a ser adolescentes, pueden compartir con ellos más información en cuanto al costo de los artículos del hogar, y las circunstancias económicas de la familia.

3.3.3 La iglesia debe permitir que la casa pastoral sea un hogar privado

En algunos países es costumbre tener la casa pastoral junto al templo, o un departamento en el templo como casa pastoral. Cuando este es el caso, la familia del pastor tendrá que adaptarse a las interrupciones que vendrán con frecuencia de parte de los miembros y asistentes de la iglesia. Esto lucha en contra de la privacidad, porque muchas personas que llegan para hacer preparativos para cualquier actividad tocarán en la puerta para pedir prestada la cinta adhesiva, las tijeras y cualquier otra cosa que les haga falta. Pero la familia puede ajustarse a las circunstancias y hasta llegar a gozarse porque pueden colaborar en alguna manera con cada programa y actividad en la iglesia.

Tal vez el mejor arreglo es vivir cerca del templo, pero no dentro del templo mismo o con la casa pastoral pegada al templo. En esta forma, la familia puede llegar a la iglesia para todas las actividades sin tener que tomar ómnibus o depender de un vehículo, pero a la vez estará suficientemente retirada como para poder vivir una vida más privada.

Podemos resumir todo lo concerniente a las relaciones positivas entre el pastor, su esposa y los hijos al hacer énfasis en la necesidad de buscar tiempo para estar juntos y para comunicarse el uno con el otro. Si buscan tiempo para estar juntos, van a jugar juntos, van a dialogar sobre los temas de importancia en la vida y van a poder enfrentar cualquier problema que surja en el proceso del desarrollo de los hijos desde la niñez hasta cuando llegan a ser adultos. Dichosa la familia pastoral en la que cada persona está involucrada de alguna manera en las actividades de la iglesia, y considera que es un privilegio formar parte de la familia de los líderes espirituales en la comunidad.

3.4 La intimidad entre el pastor y su esposa

Debemos decir algunas palabras en cuanto a las relaciones

íntimas entre el pastor y su esposa. Como hemos dicho antes, muchas parejas en la iglesia estarán en dificultades matrimoniales y mirarán a la familia pastoral buscando un ejemplo para resolver los conflictos en su matrimonio. Si los miembros de la iglesia saben que el pastor tiene un matrimonio estable, esto les inspirará para buscar ayuda en los momentos indicados. Si se dan cuenta de que hay conflictos entre el pastor y su esposa, esto tenderá a desilusionarlos y no recurrirán a ellos buscando ayuda para su matrimonio. Ningún matrimonio es perfecto, y no estamos diciendo que el pastor y su esposa tienen que proyectar la imagen de un matrimonio sin problemas para ser un buen ejemplo delante de los demás. En verdad, su modo de encarar los problemas y solucionarlos puede servir de modelo para los demás matrimonios. Si hacen esto, despertarán confianza y esperanza en los miembros de la congregación. El pastor y su esposa deben establecer un pacto para no discutir sus diferencias sobre asuntos personales en público. Deben acordar esperar hasta que lleguen a la casa, y resolver sus diferencias en privado. Cuando están en compañía con otros miembros de la iglesia, deben poder comunicar el amor que sienten y la capacidad de cada uno de ceder su punto de vista si están discutiendo un tema donde existen diferencias.

A veces algunas personas tienen dificultades en la esfera de la adaptación sexual. Puede ser que uno de los dos sienta que el sexo es sucio, o que es una expresión de la naturaleza carnal. O puede ser que uno de los dos tenga inhibiciones que fueron adquiridas durante los primeros años de vida. Esto puede ser el fruto de una educación sexual inadecuada o equivocada. En casos extremos algunas personas pueden haber sido víctimas del abuso o la violación sexual en el pasado. Tales experiencias dejan huellas muy profundas en la persona, y difícilmente pueda entregarse a su cónyuge en el acto sexual sin recordar los traumas de experiencias anteriores.

Todo esto nos dice que ciertas personas pueden llegar al matrimonio con dificultades relacionadas con el aspecto sexual de su vida personal. Quienes entran en el ministerio no están exentos de conceptos equivocados en cuanto al sexo. Por eso, queremos incluir algunos consejos para el pastor y su esposa. Primero, debemos decir que el sexo en el matrimonio es normal y bueno. Los dos deben gozar de esta faceta del matrimonio. No debe ser deber de uno y privilegio de otro. Cada uno aprenderá con el tiempo y la experimentación, las cosas que más agradan a su cónyuge, y estará preparado para participar en el juego de amor para despertar el deseo y así garantizar que el acto sexual sea de máxima satisfacción para ambos.

El participar en el acto sexual es una de las mejores maneras de aliviar la tensión después de un día de muchas responsabilidades que han traído mucho estrés a uno o a los dos. Es una forma de expresar el amor y así llenar la necesidad de la persona a quien uno ama de todo corazón. También trae unidad a la pareja en la forma mas íntima. Muchas veces, después del acto sexual pueden conversar acerca de los intereses de la familia, y llegar a decisiones firmes en cuanto a problemas que les han tenido preocupados durante mucho tiempo.

A veces los matrimonios tienen desacuerdos en cuanto a la frecuencia de las relaciones sexuales. O a veces discuten si deben o no tener relaciones el domingo. Otros tienen diferencias de opiniones y preguntan sobre las varias posiciones físicas y si es pecado buscar una variación en este aspecto del sexo. Otros han preguntado acerca del sexo génito-bucal. Todas estas preguntas han sido formuladas por personas sinceras que buscan contestaciones sanas y cristianas para poder actuar responsablemente en el matrimonio.

Se ha dicho que lo que hace la pareja en su alcoba con la puerta cerrada y lo que culmina en placer sexual genital para ambos es lícito. Esta es una buena norma para seguir, con las siguientes condiciones. Si uno de los dos no se siente cómodo o tranquilo con algunas prácticas, entonces deben estar dispuestos a suprimir tales actos. También si descubren que un acto trae consecuencias negativas, como puede ser una infección, entonces tienen que suspender tales actos. El sexo es algo hermoso, bendecido por Dios, para traer unión y satisfacción a los dos. Comienza con el juego de amor y culmina en la experiencia de éxtasis más intensa que el hombre puede tener. La pareja tiene que experimentar hasta llegar a conocer las cosas que les dan mayor satisfacción mutua. Es importante para el pastor y su esposa disfrutar de este aspecto de la vida hasta lo máximo, y poder facilitar la misma experiencia para parejas en su congregación por medio de sus consejos.

Conclusión

Hemos tocado algunas de las normas éticas que el pastor ha de seguir si quiere tener un hogar feliz. Tiene que ser fiel en dedicar el tiempo necesario para su familia, y no descuidarles por atender todo el tiempo a los miembros de la iglesia. También, hemos mencionado algunos de los problemas más grandes de las esposas de pastores, y hemos tratado de hacer énfasis en su papel de colaborar con su esposo y pastor para que sean felices en su matrimonio y también en el servicio para el Señor.

Los pastores pueden tener mayor eficacia si se casan y tienen hijos. Los feligreses tendrán más confianza para llegar hasta él y su esposa para pedir consejos cuando saben que ellos han pasado por experiencias similares en su matrimonio. El ser ministro del Señor es un gran privilegio, y el crecer en el hogar de un pastor trae muchas bendiciones para los hijos.

4

RELACIONES ETICAS CON LA IGLESIA LOCAL

Introducción

Este capítulo tiene pertinencia especialmente para con el ministro que es pastor de una iglesia local. La gran mayoría de los predicadores pasan gran parte del tiempo de su ministerio en el pastorado, aunque tal vez funcionen también como profesores de colegios o seminarios, administradores de instituciones, o funcionarios en su denominación. Las normas son aplicables para todo ministro, pero puede necesitarse una adaptación en casos donde uno no está en el pastorado.

El ser pastor de una congregación es un gran privilegio que Dios brinda al ministro. La Biblia contiene muchas referencias al trabajo del pastor de ovejas, y utiliza esta ilustración para indicar la actitud que debe tener el hombre de Dios que tiene la responsabilidad de vigilar las almas que forman parte del reino de Dios.

Cuando el autor apenas estaba iniciando su preparación para el ministerio en el seminario, recibió la invitación de una congregación pequeña en un sector rural para que fuera su pastor. Fue una experiencia conmovedora la de recibir esa invitación, y sentir la responsabilidad del cuidado pastoral de todos en la comunidad. Durante dos años, el autor hizo el viaje de unos doscientos kilómetros cada fin de semana para ministrar a esa comunidad. Lo primero que hacía al llegar al lugar era visitar el hogar de uno de los diáconos para averiguar todas las noticias y los acontecimientos de la semana anterior. Si había enfermos en la comunidad, el primer deber era visitarlos y orar con ellos. Cuando uno reflexiona sobre su primer pastorado, se da cuenta de que cometió muchos errores. Por eso se sintió motivado a escribir a otros jóvenes en el ministerio, para que eviten algunos de estos errores.

4.1 La invitación a ser pastor

Vamos a considerar los pasos que debe dar el ministro para llegar a ser pastor de una iglesia. El puesto de pastorado de una iglesia no es como cualquier otro empleo. Hay algunos pasos éticos que debe observar el pastor en el proceso.

4.1.1 Cómo lograr una invitación de una iglesia

La mayoría de las iglesias bautistas se resisten a la idea de tener una oficina para ayudar a los ministros a ubicarse en una iglesia cuando necesitan cambiar de pastorado. Algunos han sugerido a nuestra denominación que considere la validez de tal oficina. De esta manera, la iglesia que busca a un pastor podría averiguar en cuanto a los pastores disponibles, sus cualidades, sus dones y decidir si quieren considerar a tal pastor. A la vez, daría mayor honradez al ministro que busca ubicarse en esta manera en vez de tener que pedir a sus amigos que lo recomienden. Edward B. Bratcher (*The Walk on Water Syndrome*, p. 181) insiste en que el sistema actual utiliza el engaño, el involucrar a amigos, y la autocondenación.

Si el pastor trabaja en un país donde la organización denominacional ha elaborado un sistema para ayudar al ministro a ponerse en contacto con una iglesia sin pastor, puede utilizar ese mecanismo. A la vez, orará para que Dios le guíe en el proceso de ubicación. Creo que Dios puede utilizar un sistema de esta índole tanto como puede utilizar la recomendación de un amigo o de un líder denominacional.

Pero hay normas éticas para el ministro en el proceso de considerar la invitación a un pastorado. Primero, el ministro no debe presentarse personalmente delante de una congregación, para ofrecerse como pastor. Esto se considera una falla en la ética ministerial. Así como los médicos no andan reclutando pacientes, tampoco el pastor debe ofrecerse a una congregación.

El joven pastor o el pastor que no tiene pastorado debe

comunicarse con sus amigos en el ministerio para expresarles su interés en lograr un pastorado. Debe orar al Señor para que se abra una puerta. Debe conversar con los líderes de su denominación en el país donde está viviendo, para que estén enterados de su disponibilidad. En la mayoría de los países de América hay escasez de pastores, ya que hay muchas más iglesias disponibles. Si el pastor se prepara bien, ya sea con preparación formal en un seminario o con autopreparación, si se comunica con personas claves en su denominación, y si ora al Señor, al poco tiempo tendrá oportunidades para predicar en iglesias que están sin pastor.

Normalmente, cuando un pastor o líder denominacional se da cuenta de que hay un pastor disponible para hacerse cargo de una iglesia, y cuando sabe de una iglesia que queda sin pastor, estará dispuesto a presentar el nombre del candidato a los líderes de la iglesia con la información disponible acerca del pastor, su familia, su preparación y su experiencia en el pastorado. La Comisión de Púlpito de la iglesia considerará al candidato y todos los detalles relacionados con su ministerio. Orarán al Señor para pedir su dirección en el asunto. Ya habrán comprometido las oraciones de todos los miembros de la congregación, para que Dios les guíe a encontrar a la persona indicada para ser su pastor. Si sienten que Dios les está guiando, entonces la Comisión de Púlpito se pondrá en contacto con el pastor candidato para pedirle una reunión con ellos. Tal vez lo invitarán para que predique en la iglesia un domingo, o para una campaña de evangelización o para una serie de conferencias. De esta manera, la Comisión puede llegar a conocer al pastor candidato, y el pastor también tendrá oportunidad de conocer a algunos miembros de la iglesia. Si Dios está obrando en el proceso, casi siempre el resultado será la invitación para venir como pastor.

Si el pastor candidato recibe la invitación para pastorear una congregación, debe orar al Señor para que le guíe en la decisión. Debe dialogar primeramerамente con la esposa, y, si piensan que Dios les está guiando, entonces hablarán con los hijos, si es que tienen hijos en edad como para consultarles. Orarán, y darán una respuesta lo más pronto posible. No se considera ético recibir la invitación y después demorar semanas en dar una contestación. Tampoco es ético aceptar la invitación para un tiempo futuro lejano. Si Dios llama al pastor a una congregación, entonces éste debe estar en condiciones de llegar al campo de labor dentro de unos dos o tres meses.

Si uno es actualmente pastor de una congregación y decide aceptar la invitación para trasladarse a otra iglesia, entonces debe presentar su renuncia a la iglesia donde está sirviendo de pastor simultáneamente con la aceptación de la invitación a la otra iglesia. Si no lo hace, se puede crear una situación embarazosa porque los miembros de la iglesia actual se van a enterar de que su pastor ha aceptado otra iglesia. Esto es penoso para el pastor y su familia. Puede evitar malentendidos y sentimientos heridos si renuncia simultáneamente cuando acepte otra invitación.

Cuando uno es pastor en una iglesia, no debe utilizar las invitaciones de otras iglesias para presionar a los miembros de su iglesia actual para que le aumenten el sueldo o acepten los programas que está tratando de promover. La iglesia no quiere sentir que el pastor está amenazando con su renuncia como una palanca para lograr algo. No es bueno comunicar a la iglesia que uno está considerando otra invitación, hasta que llegue el momento de tomar la decisión. A veces, el ego del pastor necesita alimentación, y él menciona el hecho de que otros lo están buscando, o se jacta de todas las comisiones que le han escrito y llamado durante los últimos meses. Si uno está en comunión constante con el Señor, entonces basta decirle a Dios lo que uno siente y lo que necesita. Dios se encargará de suplir las necesidades a través de su obra en los corazones de los miembros de su iglesia.

En el día de hoy se habla de la necesidad de algunos procedimientos que ayuden a los pastores e iglesias que se encuentran en dificultades. Bratcher recomienda que si hay conflictos en la iglesia entre los miembros y/o el pastor, entonces los líderes de la iglesia deben reunirse para conversar en forma abierta y honesta sobre las dificultades (*The Walk on Water Syndrome*, pág. 116). Si siguen el consejo de Jesús con relación a cómo solucionar las dificultades entre dos hermanos, entonces el conflicto no se agravará (Mt. 18:17).

De vez en cuando el ministro sabio buscará la manera de lograr retroalimentación de la congregación con relación a su ministerio, a los mensajes que predica, y a lo que están haciendo otras personas que colaboran en las actividades de la iglesia. Esto ayudará a fortalecer los programas existentes que son efectivos, a corregir problemas en gestación y a desarrollar otros programas para un ministerio más extensivo en el futuro.

Hay dos extremos que deben evitarse en las iglesias. Uno es el de confiar totalmente en el pastor porque él es el profesional que tiene la preparación y todas las respuestas. El otro extremo es desconfiar del pastor y atribuirles demasiada autoridad a los diáconos u otros líderes de la iglesia, donde el pastor siente que no tiene autoridad alguna. El pastor sabio dará el liderazgo necesario a la congregación y delegará responsabilidades en otros líderes capaces de asumirlas. Esto dará un sentido de liderazgo compartido, lo cual es el deseo de muchos miembros en las iglesias bautistas. Ningún pastor quisiera sentirse desautorizado en los asuntos relacionados con la iglesia, aun cuando tenga entre los miembros a personas muy capacitadas, tales como contadores, gerentes de compañías y administradores de entidades religiosas.

4.1.2 Relaciones con el antecesor

Debemos decir algunas palabras con relación a la actitud del pastor hacia su antecesor. Casi siempre cuando uno apenas llega a pastorear una iglesia, verá muchas cosas que siente que necesita cambiar. En algunas circunstancias el pastor anterior habrá salido bajo presión y/o dejando disgustos entre los miembros de la iglesia. Algunos miembros invitarán al pastor y su familia a su casa para almorzar, y pasarán todo el tiempo criticando al pastor anterior por todas sus faltas y culpándole por todos los problemas en la iglesia. Si esto pasa, es recomendable que el pastor y su familia sean prudentes y cambien el tema de la conversación. Si insisten en criticar a su antecesor, el pastor debe explicar con actitud amable que es mejor pensar en el futuro y asegurarnos de que estamos cumpliendo con nuestro deber como iglesia en los planes que hacemos para el futuro.

El antecesor habrá sembrado la semilla de la Palabra de Dios en muchos corazones, y el pastor actual puede cosechar mucho de ese fruto y a la vez ayudar en el desarrollo espiritual por medio del crecimiento de las personas que han sido ganadas por el ministerio de pastores anteriores. Cada pastor edifica sobre la obra de otros, y necesita recordar que otros vendrán después para edificar sobre los cimientos que él ha echado en la obra. Además, con el tiempo, el pastor pasará a otro lugar para continuar su ministerio, y será el antecesor de quien tome su lugar.

Cuando un pastor sale de una iglesia, siempre hay muchas personas que se ponen tristes y no quieren que se vaya. Pero hay otros que se alegran cuando renuncia el pastor. Esto es normal, porque hay diferencias de temperamentos, personalidades, y gustos entre las personas. Por eso, debemos reconocer que no todos van a hablar bien de nosotros siempre. Hay un versículo que dice: "¡Ay de vosotros, cuando todos los hombres hablen bien de vosotros!" (Lc. 6:26).

No es recomendable que uno regrese a una iglesia que ha dejado para realizar ceremonias de bodas, servicios fúnebres y otros actos de ministerio hacia la congregación. Ellos tendrán a su propio pastor, y es mejor dejarle estas responsabilidades a él. El antecesor sabio dejará la iglesia cuando sale, sin aceptar invitaciones para regresar. Si hay un motivo fuerte para invitar a un pastor anterior para algún servicio, le toca al pastor actual hacer la invitación. De esta manera, él puede explicar las razones por las que la familia quiere que él vuelva. Una excepción a esta regla puede ser cuando la iglesia está celebrando su aniversario o una actividad especial, y quiere invitar a uno o más de sus pastores anteriores para participar en el programa. Estas son ocasiones de mucha alegría para la iglesia, y es aceptable regresar para participar en los programas especiales.

4.1.3 Relaciones hacia el sucesor

Así como hay normas éticas para el pastor en relación con el antecesor, también las hay para el sucesor. En primer lugar, sugerimos que el pastor saliente deje todos los informes de la iglesia en buen orden. Tal vez no le toca a él hacer los informes, pero debe insistir en que todo esté completo, incluyendo la lista de miembros, las actas de las sesiones administrativas y los informes fianancieros. Si el pastor ha manejado el dinero de la iglesia en forma personal, entonces debe rendir un informe completo a la iglesia. En algunos casos es recomendable que revisen los libros de finanzas, para aclarar cualquier duda relacionada con el movimiento de dinero, los fondos que están en ahorros y cualquier otro fondo. El pastor no querrá que nada afecte su ministerio y su buen nombre al salir de una iglesia y un campo de trabajo.

El pastor saliente debe dejar una lista de los miembros en perspectiva, para que su sucesor tenga nombres y direcciones de las personas que han asistido anteriormente como visitas, y de personas que han expresado algún interés en la iglesia. Esta lista puede ser muy útil para el pastor que recién llega a un campo y no conoce a muchos en la comunidad. El autor tuvo la experiencia de dejar una lista como ésta en el escritorio de la oficina pastoral cuando salió para el campo misionero. Después de unos meses los informes de la iglesia indicaron que habían bautizado a muchos cuyos nombres y direcciones estaban en las tarjetas, y entre ellos había personas que habían recibido el testimonio del evangelio en los años anteriores.

Dijimos que el antecesor no debe volver a la iglesia para realizar servicios fúnebres o ceremonias de matrimonio. Le toca al pastor saliente recordar estas normas. A veces establecemos relaciones de mucha intimidad con familias en la congregación, y ellos, naturalmente, quieren que estemos presentes en momentos de crisis para su familia. Pero es bueno explicarles que deben establecer una relación de confianza con el nuevo pastor, y llegarán a quererlo tanto como nos quieren a nosotros. El pastor debe explicar a la congregación lo que necesitan saber en relación con su actitud hacia el nuevo pastor, y puede incluir estos aspectos en su explicación.

4.2 Servicio fiel a la iglesia como pastor

Hay algunos consejos prácticos para el pastor con relación a su servicio a la iglesia que le ha invitado. Estos consejos abarcan las diferentes esferas de su ministerio en la iglesia local, incluyendo la predicación de la Palabra, la visitación pastoral a los miembros y a las demás personas de la comunidad, los consejos pastorales y la administración general de la iglesia.

4.2.1 El pastor debe proclamar el evangelio con osadía

Una de las necesidades más grandes en las iglesias hoy en día es la predicación con poder de la Palabra de Dios. La predicación pobre produce iglesias pobres y miembros que espiritualmente son débiles. Es irónico que el pastor pasa tres o cuatro años en el seminario estudiando todas las herramientas para poder entregar el pan espiritual a la congregación con eficacia, y después de salir del seminario llega al púlpito domingo tras domingo sin un mensaje de inspiración o aliento para los oyentes. La gente llega con la pregunta que hizo el rey Sedequías a Jeremías después de sacarlo de la cárcel: "¿Hay palabra de Jehová?" (Jer. 37:17).

No es nuestro propósito escribir un libro sobre homilética; sin embargo, vale la pena hacer algunas recomendaciones al pastor para enriquecer su ministerio. Una de las sugerencias de mayor valor es la de predicar con un propósito. El pastor debe percibir las necesidades espirituales de su congregación, y elaborar un plan de predicación para llenar esas necesidades. Puede ser una serie de sermones que tengan que ver con las sectas que están activas en el sector donde uno pastorea. Pueden ser sermones relacionados con algunas de las preguntas básicas que hacen las personas. Uno de los predicadores que más apela a las personas y cuya iglesia está llena todos los domingos para escuchar el mensaje de la Biblia, recientemente predicó una serie de sermones titulados "Contestaciones Francas a Preguntas Difíciles", e incluyó las siguientes preguntas en la serie:

"¿Se puede confiar en la Biblia hoy en día?"
"¿Puedo perder la salvación?"
"¿Existe el pecado imperdonable?"
"¿Existen los demonios?"
"¿Se salvan todos?"
"¿Es el infierno un lugar o una actitud?"
"¿Evolucioné yo del mono?"
"¿Se puede salvar uno después de la muerte?"
"¿Debo temer a Dios?"
"¿Dónde está Dios cuando estoy sufriendo?"

(Bill Weber, *Straight Answers to Tough Questions,* cintas producidas por Media Ministries de la Prestonwood Baptist Church, Dallas, Texas.)

Otra manera de enriquecer la predicación es la de escoger un libro de la Biblia y predicar sermones expositivos, explicando lo que dice la Palabra de Dios, y lo que el hombre debe hacer con el mensaje. W. O. Vaught, un pastor que ha durado más de veinticinco años en su iglesia, dijo que la bendición más grande de su ministerio vino cuando decidió predicar, versículo tras versículo, de los varios libros de la Biblia. El testifica: "Esta ha sido la decisión más importante de mi vida. La predicación bíblica ha transformado mi vida, ha cambiado mi iglesia y ha cambiado la vida de los miles que han venido para escucharme" (Citado por Ernest E. Mosley, *Priorities in Ministry*. Nashville: Convention Press, 1978, pág. 100).

El pastor no debe tratar de esquivar los temas de controversia en su predicación. Las personas están informadas en cuanto a las controversias, ya que leen los periódicos y escuchan las noticias por radio y televisión. Si el pastor prepara sermones interesantes que transmitan la interpretación cristiana a los problemas contemporáneos, la congregación estará agradecida. Hace unos años apareció la película *"El Exorcista"*, que captó la atención de multitudes. Durante el tiempo cuando la película estaba atrayendo a las multitudes, dos pastores de iglesias bautistas locales en la ciudad de Houston, Texas, anunciaron que su tema para el domingo en la mañana sería el exorcismo. Posteriormente, el autor tuvo ocasión de pasar una semana en el Colegio Bautista en Temuco, Chile, como conferenciante especial, y los mismos jóvenes pidieron que les hablara del tema. Es decir que podemos tener un ministerio positivo al contestar las preguntas que surgen de las controversias contemporáneas.

4.2.2 El pastor debe ser buen administrador

El pastor tiene muchas responsabilidades en la esfera administrativa de la iglesia. Debe dedicar tiempo suficiente para atender estas responsabilidades. Una de las críticas que más frecuentemente se escuchan de los pastores es que no administran bien la iglesia. No buscan ni entrenan a un equipo para dirigir los diferentes departamentos de la iglesia, y tienden a hacerlo todo ellos mismos o buscan de entre su familia o los miembros más activos a personas para encargarles estas responsabilidades. Todas las iglesias necesitan un programa constante de preparación de líderes, para tomar los puestos de los que se trasladan a otras ciudades, los que por su edad quieren reducir sus responsabilidades en la iglesia, y los que salen por otros motivos.

Cuando uno acepta la invitación a ser pastor de una iglesia, acepta ciertos compromisos, tales como dedicación exclusiva, un acuerdo en cuanto a los domingos en que puede estar fuera de la iglesia en campañas de evangelización, los días de vacaciones, permisos para asistir a reuniones de la denominación y permisos para estar fuera por otros motivos. Es importante cumplir con estos compromisos o negociar de nuevo el acuerdo con la iglesia. Por ejemplo, si con el tiempo la situación económica en el país es tal que el pastor y su familia no pueden vivir con el sueldo que la iglesia paga, él puede presentar su necesidad a la iglesia y pedir permiso para aceptar un trabajo extra por hora, para enseñar en un colegio, u otras formas de trabajo.

En la iglesia surgen problemas cuando el pastor no cumple su parte de compromiso. Los miembros de la iglesia trabajan en compañías donde tienen que cumplir con los reglamentos o enfrentar la posibilidad de una sanción o hasta de ser despedidos de su puesto. Ellos no comprenden cómo el pastor puede pasar tanto tiempo fuera de la iglesia en actividades ajenas a la misma. Si el pastor lo quiere, puede pasar la mitad de su tiempo en otras actividades de la denominación, reuniones de comisiones y juntas, reuniones interdenominacionales y participación en campañas de evangelización, de mayordomía y de otra índole. Por eso, el pastor tiene que disciplinarse para ser un buen mayordomo de su tiempo y de las oportunidades que tiene en la iglesia local.

Es sabio informar a los diáconos de las actividades del pastor durante el mes anterior, en la reunión mensual de diáconos. Si el pastor puede informar de cuántas visitas hizo durante el mes, en cuántos servicios fúnebres participó y cuántas ceremonias de boda presidió, ellos se darán cuenta de que el pastor está cumpliendo con su trabajo. Cuando las personas ven a su pastor dos veces los domingos y una vez entre semana, ellas no pueden saber de las múltiples actividades en que ha estado involucrado en los demás días de la semana. A veces los pastores resisten la idea de informar de sus actividades, pero si comienzan a practicar el rendir un informe, se darán cuenta de que es beneficioso para ellos mismos y para la iglesia.

Por ejemplo, cierto pastor se dio cuenta de que pasaba mucho de su tiempo entre semana haciendo el trabajo que podría hacer una secretaria —trabajos como el de preparar el boletín semanal, escribir cartas, preparar listas de miembros para ser visitados, etc. Cuando hizo la cuenta del tiempo que invertía en estas actividades, la iglesia decidió contratar una secretaria, y así dejar libre al pastor para ministrar y capacitar a otros en el uso de sus dones.

La obra del Señor marcha adelante con la participación de voluntarios que están utilizando sus talentos para servir al Señor, y con personal profesional pagado por la iglesia. El pastor usa mucho de su tiempo en la administración del programa de la iglesia. Esto abarca la planificación del programa, la organización del proyecto, la asignación de trabajos a personas indicadas, la preparación de estas personas en forma adecuada para funcionar y la actividad de controlar todos los programas de la iglesia. El ministro debe ser la fuente de inspiración para las personas que están involucradas en estas actividades. Si él cumple bien con su trabajo de guía espiritual, entonces verá que su iglesia progresa.

Cabe decir que las normas éticas para el ministro prohíben que éste abandone su campo en períodos de crisis. El pastor es el capitán del buque, y será el último en abandonarlo si surge una crisis y amenaza un naufragio. Si acontecen emergencias, tales como terremotos, inundaciones, sequías, o accidentes industriales, el lugar del pastor está allí entre los miembros intentando ministrar a ellos y dirigiendo los programas de ayuda.

El ministro es sabio si no entra en negocios personales con algún miembro de la congregación, en los cuales está la posibilidad de malentendidos o pérdidas económicas. Cuando esto pasa, naturalmente se va a afectar la relación espiritual entre los dos. Una vez el autor compró un automóvil de segunda mano a un vendedor que era miembro activo en la iglesia local. A los quince días se descompuso el auto con un daño grave en el cigüeñal. Obviamente, el dueño anterior sabía del problema y pasó su problema al dueño siguiente. El vendedor, al darse cuenta del problema, evadió toda responsabilidad en el asunto. Desde ese momento dejó de asistir a la iglesia. Esta experiencia ilustra el peligro de entrar en negocios con los miembros de la iglesia. Hay casos donde algunos ingenieros se disgustan con la iglesia debido a sus programas de construcción. Esto es doloroso para la obra del Señor.

Constantemente los miembros de la iglesia vendrán al pastor con oportunidades para hacer inversiones que prometen dar buenas ganancias a corto plazo. A veces el pastor es tentado a tomar sus ahorros, por pequeños que sean, e invertirlos en un programa atractivo. Pero viene lo inesperado, y después de un tiempo, el pastor ha perdido todos sus ahorros. No siempre pasa así, pero el riesgo siempre está allí. Por eso, es mejor invertir su dinero en programas serios que ofrezcan todas las garantías posibles.

Tampoco es bueno pedir dinero prestado a miembros de la iglesia. Si el pastor se encuentra en una dificultad que hace necesario un préstamo, es mejor acudir a la Comisión de Finanzas de la iglesia o a una entidad como el banco. Así no dejará lugar a la crítica o malentendidos.

A la vez podemos decir que no es sabio prestar dinero a los miembros de la iglesia. Ellos siempre llegan con sus problemas, y piensan que el pastor está en condiciones de prestarles dinero. Si el pastor les presta y después ellos no pueden devolver lo prestado, ellos dejan de asistir a la iglesia por vergüenza. Cada iglesia debe tener un fondo de ayuda para las personas que se encuentran en necesidades agudas. El pastor puede utilizar ese fondo para ayudar, y no tener que aportar de su sueldo personal. La mayoría de los pastores tienen dificultades en hacer alcanzar el sueldo para cubrir las necesidades de la familia, y no les queda para ayudar a otros.

4.2.3 La visita pastoral

Una parte importante del ministerio del pastor tiene que ver con la visitación pastoral. Es una oportunidad para ministrar a otros fuera del púlpito y las actividades de la iglesia. El pastor tiene que establecer prioridades en su visitación, ya que nunca va a poder llegar a todos los lugares donde necesitan su visita. Una prioridad posible puede ser: los miembros enfermos en los hospitales, los enfermos en la casa, los doloridos por tragedias que les han ocurrido, los no evangelizados que representan miembros en perspectiva, los ausentes de los cultos. Algunas circunstancias pueden alterar esta prioridad, pero es una buena norma reconocer que nuestra primera responsabilidad está con los miembros que nos necesitan. Muchos pastores pasan gran parte de su tiempo visitando a los miembros caprichosos que se han alejado por algún problema o alguna decisión del pastor o los diáconos.

Cuando el pastor visita en el hospital, hay ciertas normas que debe de seguir. Algunas de ellas son: (1) No entrar en un cuarto sin tocar a la puerta primero, especialmente si la puerta está cerrada. Uno no sabe qué hay detrás de la puerta cerrada. El médico puede estar presente haciendo un examen del paciente. La enfermera puede estar administrando una inyección o algún otro tratamiento. Es ético tocar a la puerta, y escuchar una invitación para entrar o esperar que alguien abra la puerta. (2) No debe preguntar al paciente la naturaleza de su enfermedad. En la mayoría de los casos el pastor la sabrá por los familiares y no será necesario preguntar. A veces el paciente le dirá al pastor su problema. A veces el paciente está esperando un diagnóstico después de los exámenes. A veces el paciente sinceramente no sabe qué problema tiene todavía. A veces las personas no quieren decirle al pastor su problema. (3) No debe criticar al médico, o emitir un juicio negativo sobre el médico ni el tratamiento que el paciente está recibiendo. Puede ser que el paciente haya sido remitido a un especialista por su médico, y no conozca al cirujano o al especialista. Es mejor afirmar la calidad de servicio que se recibe en el hospital o la clínica donde el paciente está internado. (4) El pastor no debe visitar cuando él mismo está enfermo. Puede contagiar a otros con su resfriado. Si no se siente bien, probablemente no va a inspirar a otros con su visita. Es mejor esperar hasta que se sienta bien para visitar. (5) No se siente en la cama con el enfermo. Esta práctica está prohibida en la mayoría de los hospitales. A veces los familiares no respetan esta norma, pero el pastor debe respetarla siempre. (6) No lleve comentarios de cuarto en cuarto acerca de las condiciones de otros que están en el hospital. Es posible contagiar a éstos con las emociones negativas de otros pacientes. El pastor debe mirar a cada paciente en cada cuarto como un caso especial e independiente de todos los demás. Tampoco deber relatar los casos similares de otros miembros en el pasado, ni de familiares que han tenido síntomas parecidos. (7) No lleve los problemas de la iglesia al cuarto del enfermo para decirle todo lo malo que está pasando. Si el enfermo es un miembro activo, probablemente va a querer saber cómo andan las cosas, y el pastor puede contestar brevemente compartiendo las experiencias positivas. Los enfermos no necesitan tener que preocuparse sobre algún problema de la iglesia, y el médico estará enojado si se da cuenta de que el pastor u otros miembros están llevando informes negativos que crean tensión en el paciente. (8) No discuta temas de controversia con el paciente. Si el paciente tiene una teología equivocada, mientras está enfermo en la casa o en el hospital no es el momento para tratar de corregir su teología. La visita pastoral debe ser un aliento para el enfermo. (9) No alargue mucho la visita. Es mejor visitar por un tiempo breve, averiguar cómo anda el paciente en su tratamiento, referirse a las bendiciones de Dios y los recursos espirituales que están disponibles para el paciente. Mientras está hablando, el pastor puede captar si el Espíritu Santo le está guiando para decir más. (10) Ofrezca una oración si nota que el paciente está abierto a ella. Si capta que el paciente tiene mucho dolor, o si advierte hostilidad a las cosas espirituales, uno puede asegurarle al paciente que estará orando por él en estos días. (11) Si hay familiares presentes, puede hablar con ellos brevemente, pero dedíquese principalmente al paciente en su visita. El cuarto del enfermo no es el lugar para escuchar una historia larga de algún familiar.

Por medio de la visitación pastoral el pastor llega a conocer mejor a todos en la congregación. Se da cuenta de las circunstancias especiales de cada familia en la iglesia, y de los miembros en perspectiva. Conoce sus problemas y puede orar con mayor inteligencia y comprensión por las necesidades de la congregación. Escucha las dificultades de otros miembros, y se da cuenta de las necesidades de otras familias.

El pastor debe planificar su programa de visitación para alcanzar a todos los miembros durante el año. Puede dar prioridad a las personas de mayor necesidad espiritual en el proceso. Debe incluir tiempo para visitar a los inconversos. El pastor debe evitar mostrar parcialidad hacia ciertas personas o familias en la iglesia. Si visita con mucha frecuencia a una familia, y descuida a otros, muy pronto los miembros estarán hablando de ello.

No es necesario leer la Biblia y orar en cada hogar que visita el pastor. En muchos casos las personas esperarán que el pastor lea una parte de la Biblia y ofrezca una oración. Es bueno hacerlo en estas condiciones. En otros lugares las circunstancias no serán propicias para la oración. El pastor tiene que ser sensible a las circunstancias y actuar de acuerdo con sus sentimientos en cada caso específico. Si tiene dudas, entonces es mejor preguntar si la familia quisiera tener una lectura bíblica y/o una oración. A veces esto abrirá la puerta para un testimonio más claro del poder del evangelio.

Por medio de la visitación el pastor puede tener un ministerio muy fructífero. Si acepta la oportunidad de visitar cada hogar como una ocasión de ministrar a las familias extendidas allí representadas, entonces se multiplica el potencial de su ministerio. Por ejemplo, durante la visita a un hogar los miembros de la iglesia pueden referirse al hecho de que otros familiares están trasladándose al mismo sector de la ciudad donde está la iglesia. Esto ofrece la posibilidad de ministrar a esas personas con mayor propósito que si llega a la casa y toca sin tener la conexión de los familiares. Si los miembros de la iglesia le acompañan a hacer la visita, entonces tendrá mayor impacto todavía.

Otra forma en que el pastor puede utilizar su visitación para extenderse es en la esfera de los consejos personales. En el curso de una conversación con un miembro éste le puede informar que un familiar está pasando por una crisis aguda debido a la muerte de algún ser querido. El pastor puede ofrecerse para visitarles. Esto puede resultar en otra familia para el reino de Dios. En una ocasión el autor tuvo esta experiencia. Un miembro de la iglesia le informó que una vecina había perdido a su hijo en un accidente trágico. El resultado fue que el autor fue a la casa para leer algunos versículos de consuelo a la familia y orar con ellos. Varios en la familia asistieron a los cultos como resultado de este contacto.

Muchas veces los familiares aceptarán algún consejo personal del pastor antes de aceptar la invitación a asistir a la iglesia. Si se dan cuenta de que el pastor tiene capacidades para aconsejar a las personas en dificultades, ellos lo buscarán. Como resultado de varias citas con el pastor, ellos recibirán un testimonio del poder del evangelio para ayudarles a solucionar sus problemas.

Conclusión

En el capítulo anterior se consideraron varios temas que tienen que ver con la relación del pastor y su familia con la iglesia local. Por eso, no se han incluido en este capítulo. Cabe decir, en conclusión, que la relación "pastor e iglesia" es una de las relaciones más felices e íntimas que puedan existir entre una persona y una comunidad. El pastor será amado por sus feligreses si él demuestra amor hacia ellos. Después de un tiempo en un pastorado las personas en la iglesia comienzan a amar al pastor como si fuera de su propia carne. Con los años recordarán los cumpleaños, los aniversarios y otros días especiales en la familia del pastor. El pastor les ministra en sus tiempos de crisis, y hay una reciprocidad espontánea de parte de los miembros de la iglesia.

Dichoso es el pastor que ha encontrado una iglesia donde puede predicar el evangelio y pastorear las ovejas en tiempos de alegría y tiempos de tristeza. Descubrirá que hay una profunda satisfacción en este ministerio.

5

NORMAS ETICAS EN RELACION CON LA DENOMINACION

Introducción

Se ha dicho que cada ministro tiene que contestar para sí mismo tres preguntas importantes si quiere tener eficacia en su ministerio. Primero, tiene que responder a la pregunta: "¿Quién soy yo?" La contestación a esta pregunta afirmará su propia identidad como hijo de Dios, y le dará una autoimagen sana con la que puede trabajar con eficacia en el ministerio. Segundo, tiene que responder a la pregunta: "¿Cuál es mi evangelio?" La contestación a esta pregunta aclarará las doctrinas del ministro. Tendrá que decidir qué cree en cuanto a las doctrinas fundamentales de la fe. Y tercero, tiene que responder a la pregunta: "¿Quién es mi pueblo?" Esta pregunta le ayudará a saber con quién se identifica para colaborar con otros en el esparcimiento del evangelio. Para tomar la decisión, tendrá que decidir sobre su denominación. Y tendrá que decidir si va a ser un colaborador con la denominación, o si va a oponerse al programa que promueven los líderes denominacionales. En este capítulo vamos a tratar sobre las relaciones éticas con la denominación.

5.1 El pastor debe identificarse con su denominación por convicción

Muchos de nosotros pertenecemos a cierta denominación porque nuestros padres nos llevaron a una iglesia de esa denominación desde muy temprano. Otras personas decidieron asistir a la iglesia evangélica local por curiosidad, sintieron el impacto del Espíritu Santo en sus vidas durante el culto, y así se convirtieron a Cristo y después se identificaron con su denominación. Otros nacieron en el catolicismo romano, pasaron un tiempo estudiando las varias creencias de diferentes iglesias y decidieron cambiar de religión, reconociendo que tal decisión les iba a colocar en una lucha terrible con sus padres, demás familiares y amigos.

El autor nació en un hogar donde los padres eran creyentes y habían sido bautizados en una iglesia bautista, pero debido a la escasez de iglesias en el sector rural donde vivían, no asistían a la iglesia con mucha frecuencia. Cuando llegó a los doce años de edad, los padres se trasladaron a un pueblo pequeño donde había una iglesia bautista. Comenzó a asistir y pronto hizo profesión de fe. Luego de pocos meses, sintió la necesidad de obedecer al Señor en el bautismo. Después de bautizado, participó durante muchos años en estudios de la Biblia en la escuela dominical y en clases doctrinales para creyentes. Así llegó a ser bautista por convicción y no por "herencia".

De vez en cuando, se encuentran pastores que prefieren mantenerse independientes de una denominación. Algunos de ellos pueden ejercer un ministerio eficaz, pero podrían hacer mucho más si se identificasen con un grupo. Se logra mucho más por medio de la colaboración de varios. Si el aporte de una persona y de una iglesia local no representa gran cantidad, cuando esto se suma al aporte de muchos otros, llega a ser un recurso grande. Esto se ve en la energía personal, y en el uso del dinero. Muchas personas buscan socios porque por medio del aporte de varios se hacen más fuertes. Las iglesias que colaboran en programas que tienen un énfasis común hacen mayor impacto que las iglesias aisladas que tratan de hacer solas la obra.

Puesto que el pastor es miembro de una denominación por convicción, éticamente está obligado a defender su denominación frente a ataques injustos. Sus creencias deben estar de acuerdo con las doctrinas fundamentales de su denominación, y sus prácticas eclesiásticas deben concordar con las de su denominación. Esto no quiere decir que el pastor sea un títere; él puede ejercer mucha influencia por medio de su actuación en forma sincera y su servicio fiel para cambiar las cosas que piensa que necesitan ser cambiadas. Si piensa que la denominación está apartándose de las normas bíblicas en sus creencias y prácticas, él puede ser el vocero para llamarles la atención y así volverles al punto céntrico de las creencias. Este es uno de los grandes privilegios de pertenecer a una denominación cuyo gobierno es democrático.

Probablemente ningún pastor va a estar ciento por ciento de acuerdo con todas las creencias y las prácticas eclesiológicas de su denominación. Pero debe de estar de acuerdo con las doctrinas y prácticas de mayor significado. El pastor debe dar libertad a otros para que tengan puntos de diferencia que varían de los suyos. La libertad de conciencia da lugar a variaciones en casi todas las doctrinas cristianas, de modo que no podemos ser legalistas en imponer nuestro punto de vista sobre los demás.

5.2 La ordenación para el ministerio

Creemos que la ordenación es prerrogativa de la iglesia local, pero ésta debe buscar la colaboración de las demás iglesias de su misma denominación al ordenar a un ministro. Cuando uno es ordenado, se lo hace con el fin de servir a cualquier iglesia de su denominación, de modo que es un paso que involucra potencialmente a varias iglesias de la misma denominación. Por eso, es ético tener a un grupo representativo de pastores de la denominación para que hagan el examen del candidato al ministerio, y recomienden a la iglesia que se proceda con el culto de ordenación.

En algunos círculos se debate actualmente la ordenación de las mujeres para el pastorado, tanto como el significado de la ordenación en general. Esto ha despertado un interés especial en todo lo relacionado con la ordenación de ministros. El doctor Franklin Pollard, anteriormente presidente del Seminario Bautista en Golden Gate, California, al expresarse sobre este tema, dijo: "No puedo encontrar bases bíblicas para la imposición de manos para funciones particulares en las iglesias. La ordenación es una herejía de la Iglesia Católica Romana que no corrigió Martín Lutero con la Reforma Protestante" (mensaje publicado en *Baptist New Mexican*. Junio 22 de 1985, p. 3).

La ordenación tiene el fin de reconocer públicamente a una persona que ya ha sido probada en el ministerio. Los creyentes habrán visto evidencias de su llamamiento al ministerio, y del ejercicio de los dones por medio de su actuación en los campos de la predicación, la evangelización, el cuidado de las almas y su capacidad como líder. Esto quiere decir que la iglesia local tiene el deber ético de ordenar a su pastor únicamente cuando sienta que él llena estos requisitos previos. Y a su vez, el pastor está obligado a someterse a la ordenación porque ha sentido el llamado de Dios y está convencido de que está en la iglesia y la denominación que más concuerda con sus convicciones personales en cuanto a doctrina y práctica eclesiásticas.

Las bases escriturarias que se utilizan para justificar la ordenación son los pasajes donde Pablo habla a Timoteo del don que ha recibido por la "imposición de las manos del presbiterio" (1 Ti. 4:14). A pesar de las opiniones de algunos en cuanto al significado de la imposición de manos, consideramos que es un acto simbólico de la afirmación que Dios ya habrá hecho en la vida personal del ministro, y el reconocimiento del ministro como tal delante de la congregación local y la denominación a la cual pertenece.

La ordenación tiene como propósito bendecir espiritualmente al candidato para el ministerio, y reconocerle como ministro aceptado por los demás. Es una especie de certificación semejante a la que muchas profesiones exigen para los profesionales que sirven a la humanidad. Los médicos buscan la aprobación de la asociación respectiva de acuerdo con su especialización. Los consejeros tienen que tener la certificación de algún grupo que asegure las capacidades de la persona que va a intentar ayudar a otros. La ordenación al ministerio garantiza que el pastor es reconocido por su denominación, y que sus doctrinas concuerdan con las de la denominación.

H. Harvey, refiriéndose a la ordenación, dijo: "Las obligaciones que entonces se asumen para el cuidado de las almas, son las más pesadas que pueden ponerse sobre el hombre, y los votos que entonces se hacen, son hechos no sólo al hombre, sino a Dios" (H. Harvey, *El Pastor*. Trad. por Alejandro Treviño. El Paso: Casa Bautista de Publicaciones, 1967, p. 27).

Si después de un tiempo el pastor se da cuenta de que difiere de los demás en la denominación sobre algunas doctrinas fundamentales, entonces éticamente debe entregar su certificado de ordenación a la iglesia o a los oficiales de su denominación y presentar su renuncia ante la iglesia donde está sirviendo. De vez en cuando se oye de un pastor que logra sacar a una iglesia de su denominación por los cambios doctrinales que el pastor ha experimentado. Esto va en contra de la ética ministerial. Si uno no puede de buena conciencia seguir en la denominación, debe dejarla con el menor prejuicio posible para la denominación, para sí mismo, para sus amigos y para la iglesia.

Algunos tratan de relacionar la ordenación del ministro con su autoridad. La autoridad en el ministerio es algo que se logra por medio de la actuación sana del ministro a través de los años en circunstancias críticas.

A veces el pastor experimenta una caída moral y crea escándalo para la iglesia y la denominación. Cuando esto sucede el pastor debe renunciar voluntariamente a su puesto de responsabilidad. Si rehúsa hacerlo, la iglesia local está dentro de su derecho de pedir su renuncia, y la iglesia que lo ordenó tiene el derecho de reclamar su certificado de ordenación. Recientemente el autor leyó de un caso donde se descubrió que el pastor era un homosexual activo. La iglesia que lo ordenó, al darse cuenta del hecho, pidió la devolución de su certificado de ordenación y presentó una comunicación explicando a todas las demás iglesias que desconocían el problema del pastor cuando lo ordenaron. (*News Digest*). Podemos agradecer a esa iglesia por su intento de proteger la alta moral del ministerio.

5.3 La lealtad a la denominación

Como ya hemos dicho, el ministro debe pertenecer a su denominación por convicción, y no por conveniencia ni por cualquier otro motivo. Esto quiere decir que el pastor estará convencido de las enseñanzas bíblicas y la aplicación de las mismas en cuanto a las doctrinas principales de su denominación. Por eso, estará dispuesto a defender su denominación y a acatar las normas de práctica acordadas por la mayoría.

Es natural diferir de vez en cuando en cuanto a interpretaciones de varios pasajes bíblicos. También habrá diferencias de opinión en cuanto a la metodología para llevarse a cabo la obra del Señor en un lugar geográfico. Estas diferencias ya existían en los días de Pedro, Pablo y los demás predicadores en los primeros siglos de la expansión del evangelio. Los representantes de las iglesias difieren cuando van a las convenciones y tienen que determinar la manera de dividir el dinero que se ha ofrendado para la extensión misionera en un país. Aunque todos tienen el derecho de expresar su punto de vista e influir en otros para que voten de acuerdo con su proyecto, es importante mantener la unidad del propósito general para toda la obra y continuar con la colaboración aun cuando no se haya aceptado el plan que uno presentó.

Tal vez hay más diferencias entre los hermanos de la misma denominación sobre la manera de hacer la obra que sobre cualquier otro punto de controversia. En algunos lugares y ocasiones las diferencias pueden ser doctrinales. La historia del cristianismo indica que ha habido muchas controversias doctrinales. Pero también se manifiestan diferencias en cuanto al énfasis en un tiempo específico, los sectores geográficos escogidos para hacer el mayor impacto, y los líderes que se escogen para la expansión del evangelio. Estas diferencias manifiestan un problema general, el del egoísmo que impide el funcionamiento con mayor eficacia. La lealtad a la denominación quiere decir que el pastor sabrá vivir y trabajar en un ambiente de flexibilidad y tolerancia, y no insistirá en que todos acepten su punto de vista con relación a una idea o práctica.

Cada organización tiene sus estatutos para guiarles. Es deber del ministro conocer los estatutos de la denominación a que pertenece, y de la convención, si es que existe. El pastor trabajará dentro de los canales establecidos por la organización para lograr los cambios que él estime necesarios. No es ético tratar de utilizar medios ilícitos para provocar cambios.

La denominación y la convención tienen el propósito fundamental de colaborar para lograr un impacto más intenso sobre la sociedad. Por eso, su programa será fruto de la inspiración divina y también de los esfuerzos personales de las personas que componen la organización. Por lo tanto se puede hacer más por medio de la participación activa que por retirarse del movimiento para criticar lo que se hace.

Los bautistas utilizamos el proceso democrático en la iglesia local y las demás organizaciones para tomar las decisiones y para extendernos. Esto quiere decir que aceptamos la decisión de la mayoría, y seguimos adelante en nuestra colaboración, aunque nuestro punto de vista no sea el punto aceptado por la mayoría de las personas. Si llega el momento cuando uno de buena conciencia no puede continuar con la mayoría, entonces tendrá que tomar la decisión de retirarse del grupo. Pero este paso sería muy extraordinario, debido a circunstancias muy críticas en la vida de cada uno.

El pastor debe aceptar la ayuda que le ofrece su denominación en términos de programas simultáneos o unidos, proyectos promovidos por la convención para extender el evangelio, tales como campañas simultáneas, programas de mayordomía y de educación cristiana. Todos estos programas se elaboran con el fin de ofrecer ayuda al pastor y a su iglesia para cumplir mejor con su propósito. No se ofrecen en una actitud de imposición, para forzar a toda persona e iglesia a seguirlo. En la mayoría de los casos si la iglesia acepta la ayuda que le ofrece la denominación, estará en mejores condiciones que si dependiera únicamente de los talentos de las personas locales para elaborar los programas.

La denominación es el canal por medio del cual el pastor puede trasladarse de una iglesia a otra. La mayoría de las iglesias que quedan sin pastor quieren asegurarse de que el candidato para su iglesia sea una persona leal a su denominación. De este modo, los líderes pueden recomendarlo si se le conoce como una persona que colabora con el programa de la denominación. Esto no se dice con el fin de presionar al pastor para que se someta al programa de la denominación, simplemente la realidad muestra que las iglesias van a acudir a los líderes de su denominación para recibir recomendaciones en cuanto a las personas que están considerando para el pastorado.

Conclusión

Hemos intentado presentar la importancia para el joven ministro de identificarse con la denominación, reconocer el aporte que tal identificación puede brindarle y animarle para desempeñar su ministerio dentro de las estructuras que están establecidas. Cuando vea algo que siente que se debe cambiar, está en libertad para consultar con otros y promover tales cambios. Hay una metodología establecida para hacer reformas e introducir nuevos proyectos, y la mayoría de los líderes constantemente están buscando maneras más creativas para hacer la obra. Ellos recibirán ideas y proyectos creativos si dan evidencias de que pueden llegar a ser un aporte positivo para la obra.

6

NORMAS ETICAS EN LAS RELACIONES INTERDENOMINACIONALES

Introducción

En décadas pasadas había mucha polémica, competencia y, por qué no decirlo, hostilidad, entre los pastores de las diferentes denominaciones. El autor ha leído relatos de debates entre dos pastores o grupos denominacionales donde multitudes de personas llegaban para escuchar y elogiar la habilidad de los varios pastores al presentar sus argumentos a favor o en contra de doctrinas tales como el bautismo de infantes, el bautismo por inmersión o aspersión, la predestinación y la infalibilidad de las Sagradas Escrituras. Parece que había mucho celo por defender las creencias de cierta persona que actuaba como vocero de su denominación. Reconocemos que vivimos en días mejores en cuanto a las relaciones con personas de otras denominaciones. Hemos llegado al punto de reconocer que si hay acuerdo en cuanto a las doctrinas fundamentales de la fe, entonces no hay razón para pelear sobre los detalles de menor significado. El mayor enemigo no es la diferencia doctrinal sobre el modo de bautismo; el enemigo es la incredulidad que se manifiesta en actos de indiferencia espiritual, el materialismo y el secularismo.

El autor se crió en un ambiente denominacional, y ha sido una persona que defiende las doctrinas y la política de los bautistas. Durante los años de formación recibió de sus pastores y maestros un énfasis en cuanto a ser leal a su denominación. Hace unos años tuvo el privilegio de entrenarse en el campo del ministerio pastoral en un hospital donde había ministros de otras denominaciones en el programa. Al dialogar con ellos en cuanto a sus creencias, se notaban marcadas diferencias en opiniones y creencias. Pero cuando dialogábamos sobre el ministerio a personas en crisis, sobre su necesidad de la fe y su solicitud de oración intercesora, notábamos que no había tanta diferencia. En verdad, ellos ayudaban a sus feligreses a recibir el consuelo de Dios en la misma manera que el autor. Citaban los mismos pasajes bíblicos que traen consuelo a las personas que confían en Dios, o que estimulan a la persona para ejercer más fe, o les ayudan en su preparación para enfrentarse con Dios después de la muerte. Esta experiencia nos enseñó a todos que cuando estamos tratando con personas que sufren, la denominación no es un factor decisivo en la ayuda que damos o recibimos.

En este capítulo vamos a sugerir algunas normas para los pastores en relación con personas y programas de otras denominaciones.

6.1 El respeto por las personas de otras denominaciones

6.1.1 La libertad de conciencia

Una doctrina fundamental de los bautistas es el respeto por las creencias de cada persona y el derecho de la persona a creer según su conciencia. Por eso, no debemos criticar, menospreciar, ni discutir con las personas por sus creencias. Si hay evangélicos que pertenecen a los pentecostales, los menonitas, los presbiterianos u otros grupos, debemos respetarles en sus creencias. No debemos tratar de persuadirles a dejar su denominación para juntarse con nosotros. Y los otros grupos tampoco deben tratar de atraer a los nuestros que hemos ganado con nuestros programas de evangelización y de desarrollo espiritual.

El autor ha tenido la experiencia de haber trabajado duro con familias para ganarles al evangelio, y de haber pasado meses en el proceso de su desarrollo espiritual, para después descubrir que hubo personas de otras sectas que habían hecho contacto con ellas también, y que les estaban tratando de convencer de dejar nuestra iglesia para juntarse con ellas. Otros grupos utilizan doctrinas como la plenitud del Espíritu Santo para tratar de convencer a los creyentes de que les hace falta algo en su peregrinaje espiritual.

Hace años todas las iglesias evangélicas de nuestra ciudad celebraron una campaña de evangelización con el equipo de Billy Graham. Cada noche hubo centenares de personas que hicieron decisiones. Descubrimos que los Testigos de Jehová tenían a sus adeptos en el exterior del gimnasio donde celebrábamos las reuniones, para hablar con las personas que habían hecho profesión de fe. Ellos tomaban sus direcciones para después visitarles y tratar de persuadirles de la verdad de su punto de vista. Consideramos que tal práctica no es ética.

Por consiguiente, el ministro tiene que ejercer mucho cuidado para no comunicar la idea de que está tratando de "robar las ovejas" de otro pastor. Si sabe que el mecánico donde lleva su auto para reparaciones es de otra iglesia, puede felicitarle por las actividades de éxito en su iglesia, averiguar cómo andan las cosas, pero no debe de invitarle a los programas de su iglesia, a menos que sea una actividad en que todas las denominaciones estén involucradas.

6.1.2 La comunidad de fe

Los ministros de las varias denominaciones pueden formar un compañerismo espiritual que será de mucha bendición para todos. Tienen muchos intereses en común y pueden ministrarse el uno al otro en una forma eficaz. Muchas veces un pastor puede compartir más cosas íntimas con un pastor de otra denominación que con los pastores de su propia denominación. En algunas ciudades se reúnen una vez por semana, o por quincena, simplemente para compartir sus experiencias espirituales, o sus penas, y para orar el uno por el otro. En los lugares donde se celebran estas reuniones siempre se siente un compañerismo más íntimo entre los hermanos pastores. Esto promueve vínculos más estrechos y destruye las barreras de comunicación, de falta de comunión y de división. Cuando surgen dificultades entre una de las familias de los varios ministros, pueden ofrecer su ayuda y consuelo el uno al otro en una forma que será de mucho beneficio para la familia afectada.

Es recomendable que el propósito de esta reunión sea siempre la oración y el compañerismo. Si se permite la intromisión de las actividades de promoción de programas, de pronto la reunión pierde su tono de apoyo moral y espiritual, y se transforma en una reunión para planificar y promover programas. Si hay programas para promover, entonces que sean tratados en otra reunión que se cite para ese fin. Pero es importante preservar la naturaleza espiritual de esta reunión interdenominacional.

6.2 Esferas de cooperación interdenominacional

6.2.1 Campañas de evangelización

Hay muchas esferas en que las varias denominaciones pueden cooperar. Ya se ha mencionado una campaña de evangelización. En varias ocasiones hemos celebrado campañas unidas, donde representantes de todas las denominaciones colaboraron en los preparativos para la campaña, y después los nombres de los que hicieron profesión de fe se entregaron a la iglesia evangélica más cercana a la dirección de la persona o familia. En esta manera las personas han tenido la oportunidad de asistir a la iglesia evangélica local más cercana después de terminar la campaña. Muchos nuevos creyentes han sido ganados mediante las campañas unidas.

Este método tiene muchas ventajas. En los países donde los evangélicos son acusados de estar divididos en tantos grupos distintos, esta actividad da evidencia de una unidad fundamental que es positiva. Además, si todas las denominaciones aportan para la campaña, quiere decir que habrá más dinero para publicidad, para invertir en los programas del coro, en reuniones especiales diarias, y en la conservación de los resultados de la campaña. También será posible conseguir a un evangelista de renombre, con su equipo, para celebrar una campaña que tendrá la posibilidad de hacer un mayor impacto sobre la comunidad. Los miembros de los coros de todas las iglesias pueden formar un coro unido, y la música será de una calidad superior. Todo esto indica que se puede hacer mucho más con un programa unido que si cada iglesia local trata de celebrar su propia campaña.

6.2.2 Proyectos de interés común

Hay muchas causas que merecen un esfuerzo común. Si hay un mal social o moral que está amenazando la tranquilidad de la ciudad o el sector, todas las iglesias pueden colaborar para atacar este mal. Por medio de los petitorios que llevan las firmas de todo el pueblo evangélico, los oficiales llegarán a saber que hay muchos ciudadanos que están interesados en la reforma de este mal, y estarán más inclinados a tomar cartas en el asunto.

Hace años había mucha persecución contra los evangélicos en Colombia. Por eso, los evangélicos formaron la organización llamada CEDEC, (Confederación Evangélica de Colombia), con personas encargadas de apelar ante las autoridades cada vez que había casos de persecución. La organización utilizó muchos canales de comunicación para informar al pueblo colombiano y al mundo entero de lo que estaba pasando. Como consecuencia, poco a poco cesaron las persecuciones. Se animó a todas las iglesias a ponerse en contacto con los oficiales de CEDEC para informar de casos específicos de persecución de niños en colegios del gobierno, de pastores que sufrieron la persecución a manos de grupos fanáticos y de cualquier otra forma de persecución. Seguramente si no hubiera existido una organización unida para defender a los evangélicos, no habría habido resultados positivos. Este caso ilustra la ventaja de la colaboración entre los evangélicos.

6.2.3 Apelación de derechos legales

A veces los grupos evangélicos han tenido que unirse para apelar ante los oficiales por consideración en cuanto a impuestos que se cobran. En algunas ciudades los grupos religiosos están libres del pago de ciertos impuestos, porque se considera que estos grupos aportan mucho que es positivo para la comunidad. Pero a veces para lograr la exoneración se ha tenido que contratar a abogados y apelar en forma unida ante los oficiales. Otra vez, el impacto es mayor cuando los representantes de varios grupos se presentan ante los oficiales en vez de ir uno por uno para pedir la exoneración.

Hace años había mucha oposición para permitir el casamiento de las personas no católicas en España. Muchas parejas tenían que esperar meses y hasta años para lograr los permisos para casarse por lo civil. Estos son casos de discriminación que no deben existir. En muchos lugares los evangélicos han tenido que luchar con mucha insistencia para lograr sus derechos.

6.2.4 Campañas de distribución de la Biblia

En varias ocasiones la Sociedad Bíblica ha promovido campañas para distribuir la Biblia en hogares, colegios y negocios. Ellos promueven una actividad unida entre todos los evangélicos, porque todos tienen interés en que la Biblia sea esparcida a todas partes, para que haya mayor oportunidad de recibir el mensaje de salvación que ella trae. Por eso, es recomendable que todos los grupos colaboren en programas de esta índole. Cada iglesia aporta cierto número de personas para ser entrenadas como vendedoras de Biblias y ellas van de casa en casa haciendo esfuerzos por vender la Biblia. Otros establecen sus puestos en lugares estratégicos en los centros comerciales, y allí venden la Biblia.

Cada iglesia recibe múltiples beneficios de campañas de esta índole. Primero, las personas en las iglesias reciben el entrenamiento para testificar al mismo tiempo que están intentando vender la Biblia. Esto trae beneficios a la congregación, porque cada persona que está testificando está cosechando bendiciones espirituales personales, y a la vez la iglesia va creciendo.

En segundo lugar, por medio de esta actividad los miembros aprenden más acerca de la Biblia. Cuando van de puerta en puerta para ofrecer la Biblia en venta, naturalmente las personas van a hacerles preguntas con relación a la Biblia y a sus creencias. Esto da a cada creyente la oportunidad de basar sus creencias en pasajes de la Biblia, y explicar el origen de estas enseñanzas. Esto trae un beneficio grande para el creyente.

6.3 Esferas de la no colaboración

Hay varias esferas donde no conviene la colaboración. Vamos a considerar algunas.

6.3.1 Acuerdos de territorios misionales

En el pasado hubieron acuerdos entre los grupos evangélicos para dividir un país y asignar ciertos sectores a un grupo y otros sectores a otro grupo. Esto trae limitaciones que no convienen. Cristo nos dio el mandato de ir y predicar el evangelio a toda criatura. Si un grupo tiene los recursos y la misión de extender el evangelio a muchas naciones, no debe ser limitado por un acuerdo que dice que cierto territorio es responsabilidad de otros. Es mejor dejar a cada grupo en libertad de extender el evangelio según sus recursos humanos y materiales. De esta manera, si un grupo no tiene mucho fervor evangelizador, tal vez otro grupo llevará el mensaje a los necesitados.

Cuando hay reglas en cuanto a límites geográficos, tiene que haber un mecanismo para implementar tales reglas. Esto hace que algunos funcionen como policías, lo cual siempre deja lugar para malentendidos y conflictos. Lo que uno considera una violación de las normas no lo es desde la perspectiva de otro. Por eso, es mejor comunicar a todos los grupos que cada uno está en libertad de predicar el evangelio hasta lo último de la tierra.

Hay casos tristes de retraso del evangelio en algunos países, precisamente porque en años anteriores hubo grupos que acordaron asignar cierto sector del país a un grupo y otros sectores para otros grupos. Cuando uno de estos grupos no tiene el fervor evangelizador suficiente para cumplir con la Gran Comisión, el resultado es que multitudes de personas no tienen la oportunidad de escuchar.

Una excepción a esta regla puede ser en relación con el comienzo de obras nuevas en ciertos sectores de una ciudad. Por ejemplo, si hay tres o cuatro grupos ya establecidos en cierto sector de una ciudad, no hay razón para tener a otra iglesia evangélica en el mismo sector. Mejor es comenzar en otro sector de la ciudad donde no exista ninguna iglesia. Hay casos donde cuatro o cinco iglesias están concentradas dentro de un lugar geográfico muy limitado, mientras que en otras partes no hay ninguna iglesia.

6.3.2 Instituciones de educación

De vez en cuando alguien ha promovido la idea de reunir a varios grupos evangélicos con el propósito de aportar para una institución teológica. La idea es animar a todas las denominaciones a contribuir con dinero (para construcciones, para el presupuesto operativo) y personal para la docencia y los puestos de administración. Esto se ha hecho en algunos países, pero los bautistas tendemos a no participar en programas unidos de esta índole. Las razones son múltiples. Primera, una institución de esta índole da un sonido incierto en cuanto a su teología y eclesiología. Con la participación de varias denominaciones tiene que haber un espíritu ecuménico y una tolerancia de las creencias de los demás. Segunda, ¿quién decide la cantidad justa del aporte económico de cada denominación? Casi siempre después de unos años hay malentendidos en esta esfera. Los presupuestos para la biblioteca, construcciones adicionales y operaciones tienden a mezclarse. Si llega el momento cuando uno de los grupos decide separarse, ¿cómo se divide la inversión?

Por eso, es mejor que cada denominación establezca su propia institución, o mande a sus alumnos a una institución dada y pague un aporte de acuerdo con los costos establecidos por esa institución. La denominación tiene la responsabilidad completa del sostenimiento de su institución, de su gobierno y administración, y del suministro del personal para la docencia. Puede cobrar a las personas de otras denominaciones que quieren asistir una tarifa más costosa que la que pagan los alumnos de su propia denominación. Este plan protege las líneas de comunicación y administración y evita la posibilidad de conflictos con los demás.

6.3.3 El movimiento ecuménico

Desde el tiempo del establecimiento del Concilio Federal de Iglesias y posteriormente su cambio de nombre al Concilio Mundial de Iglesias, ha habido cierta presión sobre los bautistas para que nos identifiquemos con este movimiento. Pero la mayoría de los bautistas hemos insistido en no participar del mismo por varias razones. Ellos han optado más por un evangelio social, en el cual buscan solucionar los problemas de pobreza, hambre, opresión, analfabetismo, etc., en vez de ir al corazón del problema para enfocar la necesidad de una experiencia personal con Cristo para transformar al individuo.

El doctor Justo Anderson ha escrito un resumen de la historia del movimiento ecuménico, y él traza la relación que los bautistas han tenido con este movimiento (Justo Anderson, *El Movimiento Ecuménico*, publicado por la Junta de Publicaciones de la Convención Evangélica Bautista en Argentina. n.f.).

En los últimos años ha habido casos donde esta organización ha ofrecido ayuda a grupos guerrilleros identificados con los grupos políticos izquierdistas de algunos países, para colaborar en las actvidades subversivas. Esto es muy peligroso, y va en contra de la libertad de conciencia y el principio de la separación entre la iglesia y el Estado. Creemos que nuestro mejor aporte a la solución de los problemas humanos va a ser el predicarles el evangelio personal, e invitarles a aceptar a Cristo como Salvador personal. Esta transformación espiritual tendrá su impacto sobre toda otra faceta de la vida del hombre. Los cristianos pueden y deben de contribuir todo lo posible a solucionar los problemas sociales en la comunidad y en el mundo entero, pero este no puede ser nuestro enfoque principal.

La experiencia nos ha enseñado que podemos hacer más con los programas que nosotros promovemos y financiamos que entregando nuestro dinero a una organización interdenominacional con las esperanzas de que ellos hagan la obra en forma más eficaz.

6.4 Reuniones con personas de otras religiones

En el día de hoy hay más contactos con personas de otras religiones que en años pasados. La religión judía ha estado esparcida en muchos de los países donde vivimos y trabajamos. ¿Cuál debe de ser nuestra actitud hacia ellos? En algunas partes hay líderes que promueven reuniones de compañerismo e intercambio de ideas. Esto está bien si no nos compromete en nuestras creencias. Por ejemplo, si uno es invitado a participar en una reunión dirigiendo una oración a Dios, pero se le advierte que no debe ofender a los judíos con una oración en nombre de Jesús, ¿debe aceptar esta invitación? Según el punto de vista del autor, no nos conviene comprometer nuestras convicciones en tal manera.

También, en el día de hoy tenemos contacto con personas de la fe islámica, con budistas y con personas de muchas otras religiones. ¿Podemos sentarnos juntos para planificar programas de beneficio mutuo? Según el parecer del autor, no hay mucho terreno común de fe entre los cristianos y estas otras religiones. Si la reunión es para compartir y comparar creencias, tal vez puede ser beneficioso para alguien. Pero si estamos comunicando una especie de universalismo, o sea que todas las religiones nos llevan al mismo lugar, entonces no nos conviene.

6.5 El diálogo con otros

Hasta ahora hemos presentado un punto de vista más bien cerrado con relación a la unión con los oficiales del Concilio Mundial de Iglesias y con otras religiones, y hemos delineado ciertos límites con referencia a las esferas de colaboración con otras denominaciones. Sin embargo, hay que reconocer que algunas personas tienen más inclinación para colaborar que lo que se ha presentado. Por eso, vale la pena hacer unas declaraciones relacionadas con las posibles esferas de diálogo con otros.

6.5.1 ¿Qué es el diálogo?

La palabra "diálogo" viene de dos palabras griegas. "Dia" quiere decir "por medio de" o "a través de", y "logos" es "palabra". Esto quiere decir que el diálogo es comunicación entre dos o más personas por medio del intercambio verbal. Se refiere a una reunión formal en la que hay un esfuerzo por explicar puntos de vista diferentes, con el fin de llegar a una comprensión más amplia o un acuerdo. Glenn A. Ingleheart, director del Departamento de Relaciones con Otras Religiones de la Junta de Misiones Domésticas de la Convención Bautista del Sur, Estados Unidos de América, insiste en que, si el diálogo ha de ser fructífero, los participantes deben representar la unidad y la diversidad en los puntos de vista tanto como una variedad de lugares geográficos, estilos culturales y disciplinas académicas (Glenn A. Ingleheart, "Why Baptists Dialogue with Others". Monografía presentada en la reunión de la Alianza Mundial Bautista, Los Angeles, California, 2 al 7 de julio de 1985).

6.5.2 Los objetivos del diálogo

Ingleheart apela al diálogo de los bautistas con otros para lograr una participación en la investigación teológica que busca una comunión cristiana mundial. El insiste en que necesitamos compartir los frutos de nuestras investigaciones en el estudio de la Biblia, la historia del cristianismo, los métodos pedagógicos, las misiones, la evangelización y nuestra preocupación por la libertad religiosa.

Ingleheart también apela al diálogo en la tarea de elaborar una teología para nuestra época, y para compartir los métodos más indicados para cumplir con nuestra misión de llevar el evangelio a toda persona en el mundo. Hay ciertos métodos misionológicos que han tenido éxito y otros que no lo han tenido, y podemos evitar la pérdida de mucho tiempo y recursos materiales si compartimos nuestros conocimientos de éxito con otros por medio del diálogo. En el despertar de las religiones no cristianas, tales como el islamismo, podemos ganar mucho si aprendemos a dialogar. A la vez menciona la necesidad del diálogo con los grupos marxistas, para poder aprender a enfrentarnos mejor con esta ideología.

El autor no ve nada negativo en compartir nuestros conocimientos y descubrimientos con relación al campo de la investigación teológica. De hecho, cuando tenemos a alumnos de denominaciones distintas y de nacionalidades y culturas distintas en la clase, si dialogamos sobre estos temas, estamos participando en algo que puede enriquecer la tradición de cada uno.

Hay dos puntos de vista con relación a las metas del diálogo. Luther Copeland insiste en que cuando dialogamos con personas de otras religiones, debemos hacerlo sin la intención de evangelizarlas o de convertirlas a nuestra fe (E. Luther Copeland, "Christian Dialogue with Major World Religions", *Review and Expositor*, 57.1, enero de 1971, págs. 53-64). Ebbie C. Smith hace un contraste entre el diálogo y el testimonio evangelizador. (Ebbie C. Smith, *Balanced Church Growth*. Nashville: Broadman Press, 1984, p. 118.) El autor cree que es posible dialogar en manera tal que podría resultar en la conversión de personas de otras religiones, y que no debemos rechazar la posibilidad del diálogo como medio para evangelizar para ganar a otros. Hace años el autor solía reunirse con universitarios para participar en diálogo con relación a temas tanto religiosos como seculares. Cuando los canales de comunicación están abiertos hay respeto por el punto de vista diferente de otras personas, y si el objetivo principal no es polémico, se puede lograr mucho. El pastor puede beneficiarse mucho de reuniones de esta índole. Pueden resultar en el crecimiento de la iglesia, pero no debe tener esto como meta primordial.

Ruel L. Howe sugiere que por medio del diálogo el estudiante puede llegar a ser el maestro. También dice que los líderes religiosos han estado tan acostumbrados al monólogo que les es muy difícil participar en el diálogo, ya que el diálogo requiere la capacidad de escuchar y luchar por entender lo que el otro está diciendo. (Ruel L. Howe, *The Miracle of Dialogue*. New York: The Seabury Press, 1963, p. 9.)

Es importante que el ministro esté dispuesto a escuchar a personas con puntos de vista diferentes en la esfera teológica tanto como metodológica. Los bautistas tenemos la fama de ser cerrados al diálogo con otros grupos. Como el testimonio en el comienzo de este capítulo indica, hay mucho que podemos aprender por medio del diálogo con otros. Y hay mucho que podemos aportar. Otros grupos están deseosos de aprender de nuestros éxitos. ¿Por qué no abrir la puerta para disfrutar de una visita fructífera para todos?

Conclusión

En los últimos años hemos visto que la puerta, que anteriormente había sido cerrada con candado, se está abriendo un poco en la esfera de las relaciones con otras denominaciones. Todavía hay una resistencia fuerte en contra del ecumenismo que involucraría una relación conciliar, porque los bautistas todavía preferimos llevar adelante nuestra misión bajo la Gran Comisión con los recursos y los esfuerzos disponibles de la denominación. Esto nos da una flexibilidad mayor que la que tendríamos si estuviéramos vinculados con el Concilio Mundial de Iglesias.

Sin embargo, hay una disposición para colaborar con otros grupos evangélicos en muchos proyectos. También hay un interés creciente en el diálogo con otros grupos evangélicos, tanto como con católicos, judíos y de otras religiones. Los ministros en la América Latina de los años futuros van a tener mayores oportunidades para buscar una comunión más cercana con estos grupos. Ahora más que nunca la Iglesia Católica Romana está expresando interés en el diálogo con judíos y anglicanos. Ya dio algunos pasos iniciales hacia un gesto de conciliación con las denominaciones del protestantismo. Tenemos que estar alertas a lo que pasa en estas reuniones, y dispuestos a ofrecer nuestro punto de vista en los temas que se traten.

7

RELACIONES EN LA COMUNIDAD

Introducción

Hemos comenzado hablando de las relaciones del ministro consigo mismo, con un enfoque sobre algunas normas éticas personales para el ministro. Después, hablamos de las relaciones del ministro con las personas de su propia familia. El enfoque se extendió de la familia hasta los miembros de la iglesia donde el pastor está desempeñando sus funciones como ministro. Las relaciones con otros en su propia denominación fue el tema de otro capítulo. Y el enfoque más alejado del centro se refiere a las personas de otras denominaciones. Ahora llegamos a la última de las relaciones, la que tiene que ver con la comunidad en general.

El ministro es llamado a ser levadura en la sociedad, tanto como todo cristiano tiene esta responsabilidad. Esto quiere decir que el ministro hará todo lo posible por ganar a otros para Cristo por medio de la evangelización personal y de actividades de la iglesia donde está sirviendo. También, debe ejercer toda la influencia posible en el medio para que la sociedad sea moldeada más y más de acuerdo con el mensaje del evangelio. Esto abarca el extender el amor, la justicia y la paz a todo lugar posible. En este capítulo vamos a ver cómo el ministro puede hacerlo.

7.1 Consideraciones generales

El ministro encontrará muchas oportunidades para relacionarse con personas de diferentes maneras de pensar. Habrá mucha gente con filosofías de vida muy diferentes de la suya. Por eso, es importante poder reflejar sinceridad al declarar sus propias convicciones, sin ofender a los demás, pero a la vez siendo amable con las personas que tienen opiniones muy distintas de las suyas.

7.1.1 Deberes de ciudadano o residente

El ministro es ciudadano del país donde nació, y por eso tiene que reconocer que está sujeto a las leyes de la nación de la cual es ciudadano. Si vive en otro país donde no es ciudadano, sino residente, tiene que obedecer las leyes de ese país también. Esto quiere decir que el ministro será un buen ejemplo delante de todos como ciudadano cristiano que cumple con sus responsabilidades cívicas. Esto abarca el pago de los impuestos en el país donde es ciudadano y donde reside, si así lo exige la ley. También, el ministro debe ejercer su responsabilidad de votar en las elecciones del país donde es ciudadano. El debe de informarse en cuanto a los programas que sugieren los candidatos, y votar según su conciencia. También obedecerá las leyes de la nación, y será ejemplo en este sentido delante de todos los demás.

El ministro tiene que reconocer que como tal es un personaje de influencia en la comunidad. Por eso, sus opiniones, que son muy personales, llegan a tener mayor peso que las de otro ciudadano. Muchas veces los miembros de la iglesia donde está sirviendo preguntarán su opinión sobre los problemas del país, o de la región donde vive. Cuando expresa una opinión personal, tiene que reconocer que otros van a adoptar su opinión simplemente porque ellos confían en el ministro, en su juicio y en su capacidad de raciocinio para tomar las decisiones más sabias.

En este sentido, el ministro es siervo en la comunidad, tanto como el médico, el juez y el abogado. Cuando el ministro habla, los demás escuchan y consideran seriamente sus opiniones sobre cualquier tema. Esto se ve muchas veces en programas de televisión y de radio donde entrevistan a personas líderes en la comunidad. Con frecuencia el tema no tiene que ver con asuntos puramente religiosos, sino que abarcan temas como el divorcio, el aborto y cuestiones de la ética en la medicina. Por eso, es importante que el ministro sea una persona informada sobre todo lo que está pasando en el mundo, y que también tenga la habilidad de expresarse claramente sin vacilación.

7.1.2 Funciones especiales

A veces el ministro es invitado para dar la invocación en reuniones especiales, o dirigir una oración de dedicación de un edificio de la comunidad, u otro acto oficial que tiene que ver con su papel de representante de Dios. En los países donde domina la Iglesia Católica Romana, esta función es desempeñada casi siempre por el sacerdote local, obispo, o arzobispo del país. Pero puede haber ocasiones cuando le tocará al ministro evangélico actuar en pronunciar una oración dedicatoria.

Cuando se presenta una ocasión especial para un ministro, es importante recordar que representa al pueblo en general con sus diferentes posiciones espirituales, y no pensar que es una oportunidad para promover su iglesia o denominación en una forma especial. No debe tomar ventaja de esta circunstancia para presentar ideas o invitaciones especiales para actividades en su iglesia. Simplemente funciona como ministro de Dios, invocando la presencia de Dios sobre la comunidad en el uso de ese edificio. La gente muy religiosa estará muy agradecida, y la gente no religiosa quedará pensando en los valores espirituales que representa y comunica por medio de su actuación. Algunas veces las personas quedan tan impresionadas que deciden buscar una ayuda espiritual y asistir a la iglesia.

En algunos países las reuniones de los legisladores se inician con una oración. A veces los legisladores nombran a un capellán para que ministre en la esfera de las necesidades espirituales de los gobernantes. Es posible que estas funciones sean asignadas a pastores evangélicos en algunos países. Estas son oportunidades importantes para el avance del evangelio, y no debemos menospreciar la ocasión con indiferencia o falta de preparación. Es una oportunidad de ayudar a los legisladores a relacionar su trabajo con la voluntad divina, y pedir la ayuda de Dios en el mismo.

Así como Isaías fue consejero de los reyes en su día, es posible que algunos de los ministros hoy en día tengan esa misma oportunidad y responsabilidad. Si llega ese momento, no debemos despreciarlo o descuidar la oportunidad. Muchas veces los líderes de la nación pasan momentos de mucha soledad y sufrimiento, y anhelan la comprensión del pueblo y una palabra de consuelo. Podemos mandar telegramas y cartas con mensajes de consuelo y felicitación. Estos gestos no son olvidados por estas personas.

A veces algunos equipos deportivos tienen un capellán. Ellos tienen a sus entrenadores, médicos y otros para atender todas las necesidades físicas y mentales. ¿Por qué no pensar también en su estado espiritual? Es posible que un ministro sea colocado en un lugar estratégico porque tiene a un miembro que es deportista, o porque alguien en el equipo es conocido o familiar de un miembro de la iglesia. Hay muchas conexiones que nos podrían presentar la oportunidad de ministrar a estos grupos. Debemos estar alertas a estas relaciones y su potencial para un ministerio espiritual.

7.1.3 Participación en el jurado

En algunos lugares el sistema de justicia depende de los ciudadanos para participar en los jurados con el fin de determinar la culpabilidad o la inocencia de las personas acusadas de crímenes. A veces el ministro está exento de esta función, porque se considera que siempre está del lado de una persona en necesidad, sea inocente o culpable de un crimen. Pero en otros países los ministros tienen que responder si son citados, como todo otro ciudadano.

El ministro debe guardar confidencias que las personas le comunican, y por eso es mejor no tener que testificar a favor o en contra de un acusado. Hay algunas informaciones que recibe el ministro por ser representante de Dios, y los demás deben tener la libertad de confesar sus pecados a un ministro cuando está funcionando en este papel. Es mejor que el ministro sea visto como un hombre de misericordia y no de juicio.

La ética ministerial puede variar en los diferentes países debido a las leyes locales y las circunstancias especiales. Es posible que algunos pastores estén sirviendo en lugares de grandes dificultades debido a las restricciones impuestas por gobiernos que no simpatizan con la religión en general o con los evangélicos específicamente. En estos casos el pastor tendrá que orar a Dios y pedir su dirección para que le guíe a tomar la decisión más correcta en cada circunstancia específica.

7. 1.4 Participación en la guerra

La guerra es un problema moral que perturba a todos. ¿Qué pasa con el ministro? ¿Debe estar exento de la participación en la guerra, o debe llevar armas como cualquier soldado? En muchos países el ministro reconocido por su denominación queda exento de la participación en el servicio militar, excepto cuando cumple la función de capellán. Si el ministro quiere ofrecerse para actuar en ese papel, no hay nada en contra, y seguramente podrá tener muchas oportunidades de testificar y ministrar a los soldados. Pero según el parecer del autor, el ministro debe estar exento de llevar armas. Habría mucha contradicción entre la predicación del mensaje del valor de la vida humana, y a la vez el tener que matar.

Este es un problema muy serio para los jóvenes que son llamados para cumplir con el servicio militar obligatorio y, a la vez, tienen el llamado de Dios para ser ministros, y quieren seguir adelante con su preparación en este campo. ¿Qué se puede hacer? Este sería un campo en el que los oficiales de la denominación pueden tratar de ejercer una influencia. En muchos países hay maneras de evitar el tener que cumplir con el servicio militar, pues debe haber un respeto por las convicciones de los jóvenes que quieren dedicarse al servicio a Dios y a la humanidad. Existe la posibilidad de cambiar la política por medio de la influencia de los líderes de las distintas denominaciones.

7.2 La intervención en programas de reforma social

Algunos ven en el papel de ministro la responsabilidad de ser un reformador social. Sin duda, el ministro debe predicar todo el evangelio, lo cual abarca el elemento de condenar las injusticias sociales, morales y económicas que existen en el mundo. Uno se impresiona cuando lee los mensajes de Amós, Miqueas, Oseas e Isaías en el Antiguo Testamento, y cuando lee los pasajes de condenación que Jesús pronunció en contra de la opresión en su propio día. Jesús, citando declaraciones de Isaías 61:1 y 2, hace énfasis en el llamado a "pregonar libertad a los cautivos, y dar vista a los ciegos; a poner en libertad a los oprimidos; a predicar el año agradable del Señor" (Lc. 4:18, 19).

7.2.1 El alcance de la intervención cristiana

Durante toda la historia del cristianismo se ha debatido la validez de una intervención directa en asuntos políticos para lograr las reformas sociales que el hombre necesita. Algunos insisten en que no solamente debemos predicar el mensaje de justicia, sino que debemos involucrarnos en la lucha para lograr la justicia. Algunos insisten en que debemos estar dispuestos a llevar armas, y no vacilar en utilizarlas. Esto involucraría el identificarnos con grupos que luchan en contra del gobierno establecido y el uso de medios subversivos para derrotar el poder del gobierno y el sistema existente.

Según el parecer del autor, el ministro debe examinar bien su conciencia y todas las facetas de la problemática antes de identificarse con grupos de esta índole. El pastor debe luchar y animar a los demás para luchar dentro del proceso político establecido para buscar cambios por medio de la legislación y la implementación de leyes que favorezcan a los pobres y oprimidos. El pastor es líder en la comunidad, y debe utilizar su papel para abogar por la justicia en todas las esferas. Es posible hacer esto y a la vez ser un buen ciudadano. Si, después de luchar, siente que no hay posibilidades de lograr más justicia en su país, entonces tiene que decidir si va a optar por un camino más radical.

De ser necesario luchar en contra del gobierno establecido en una nación, el ministro tiene que decidir cómo va a expresar su oposición. ¿Va a identificarse con otro grupo que también está luchando por cambios? ¿Está seguro de que ese grupo apoya los principios cristianos con los cuales él está de acuerdo?

Dadas las condiciones sociales críticas en que vivimos, puede haber más y más presión hacia los pastores y otros líderes para unirse y reclutar a los evangélicos a fin de juntarse con estos grupos que luchan por la libertad, la paz, la justicia y que piensan que los evangélicos deben estar con ellos en la búsqueda de estas metas. Este es un caso de un fin que es bueno, pero hay que considerar los medios que se utilizan para lograr ese fin. En los días de Isaías Dios no aprobó la alianza con naciones paganas para combatir a los enemigos de Israel. Los cristianos hoy en día tenemos que mirar muy bien las bases filosóficas de los movimientos que piden nuestra colaboración. Si no podemos estar de acuerdo con sus bases ateas y materialistas, ¿cómo podríamos considerar una unión con ellos? ¿No sería vender nuestra primogenitura por un guisado? Algunos han sido persuadidos para aliarse con grupos en pro de metas que tienen en común, pero después descubren que ellos mismos caen presos de sus aliados, y tienen que luchar más para liberarse de ellos.

7.2.2 La clase de intervención

El pastor está en un lugar estratégico para guiar a su pueblo por los senderos sanos. El mismo necesita el equilibrio mental, moral y espiritual para percibir las señales de los tiempos, pensar con discernimiento, y no vender su alma y las de sus feligreses. Esto se menciona precisamente porque ha sucedido en los últimos años. Todo esto es un llamado al ministro a dedicarse a la que es su tarea principal —predicar el evangelio y dejar que el poder del evangelio transforme la sociedad a través de los cambios que hace en los corazones de la humanidad.

¿Qué debe hacer un ministro si en cualquier día aparecen representantes de estos grupos extremistas insistiendo en un aporte económico de su iglesia para promover la revolución? En algunos países dicen que entran en los pueblos y se llevan a los jóvenes para entrenarlos en el ejército revolucionario. ¿Cuál debe ser la actitud del ministro si esto pasa en la comunidad donde está sirviendo como líder espiritual? Son momentos para apelar a las autoridades y pedir el auxilio de ellos para la protección de los ciudadanos del pueblo. En la actualidad el mundo entero está siendo víctima de grupos subversivos que secuestran a individuos, presionan a gobiernos con rehenes y entorpecen la tranquilidad de naciones. Si cedemos a las presiones de estos grupos, ¿cuál va a ser la secuela de todo esto?

Estos temas llegan muy hondo en cada uno de nosotros, porque seguramente todo pastor que trabaja en el Tercer Mundo ha ministrado a personas desheredadas que no tienen nada, y que han buscado la solución de su problema por medio de la participación en una invasión a terrenos cercanos a las ciudades para tener techo. ¿Qué podemos decir al cristiano miembro de nuestra iglesia que pregunta al pastor si está bien solucionar su problema en esta manera? ¿O qué podemos decir al trabajador en una compañía que tiene que entrar en una huelga porque el sindicato de trabajadores ha decidido hacerlo? Si no participa con el grupo, puede ser herido o ser boicoteado en su trabajo hasta el punto de tener que renunciar a su puesto. Estos son problemas reales para los cristianos en el día de hoy, y confesamos que no hay una solución fácil.

7.2.3 Recursos espirituales para la intervención

Podemos animar a los cristianos a ejercer su fe y orar al Señor de todo corazón, para pedir la ayuda divina. Así como en tiempos pasados Dios ha contestado las oraciones de su pueblo en circunstancias de peligro, podemos confiar en Dios para que nos socorra en los problemas de hoy. Podemos ser constantes en la dedicación de nuestros talentos a la obra o el trabajo que tenemos, y podemos ser mayordomos de lo poco que poseemos. Dios promete aumentar las oportunidades de la persona que es fiel en lo poco que tiene (Lc. 19:17). Las leyes de la vida dictan que la persona que trabaja bien, maneja bien lo que tiene y aprovecha sus oportunidades, va a progresar. Esto se ve especialmente cuando la persona tiene fe en Cristo y es fiel en su vida espiritual mientras aprovecha todas las oportunidades.

7.3 El papel del ministro en un mundo convulsionado

Estamos dedicándonos a las normas éticas para el ministro en el cumplimiento de sus deberes cívicos. Por ser ministro del evangelio el pastor está en un lugar crítico y estratégico. Es crítico porque es lugar de peligro. Puede ser criticado por cualquier persona debido a cualquier opinión que exprese, porque siempre las personas van a tener criterios distintos sobre cualquier tema. El hablar en favor de un programa naturalmente va a aislar a otros en su comunidad. Pero es también una gran oportunidad, porque puede utilizar su puesto de influencia para hacer mucho bien. Si el pastor está seguro de que Dios le está guiando en su proyecto, entonces puede luchar con todo el corazón, confiado en la presencia de Dios para bendecirle. A la vez esto inspira a otros para que le sigan. Para poder hacer esto, el pastor tiene que seguir los siguientes pasos.

7.3.1 El pastor debe informarse bien

Muchas decisiones se toman sin la información suficiente para poder tomarlas con toda sabiduría. Los médicos no deciden practicar la cirugía en un paciente hasta saber el problema, las posibilidades de complicaciones durante o después de la cirugía, y todos los demás factores que pueden afectar la salud del paciente. Pero a veces los pastores deciden entrar en una campaña o participar en un proyecto sin saber todo lo que tal participación encierra. Cuando ya están en la marcha, se dan cuenta de que no es como pensaban. Por eso, es bueno informarse sobre todo proyecto del gobierno y de otras organizaciones que piden nuestra colaboración. El cristiano debe interesarse en lo que está pasando en su país, y estar al tanto de todos los movimientos positivos y negativos. Especialmente tiene que estar bien informado en cuanto a las circunstancias en la ciudad o el barrio donde vive. Muchas veces es invitado para participar en programas, y tiene que estar seguro de que tal participación no comprometa su testimonio.

7.3.2. El pastor debe informar bien a sus feligreses

Al informarse bien de los movimientos nacionales e internacionales que están activos, puede informar mejor a sus feligreses en cuanto a los peligros, o las necesidades que tienen en relación con estos movimientos. Eso será de gran ayuda para las personas, ya que muchos de ellos agradecerán la perspectiva cristiana en este sentido. Hay casos donde los médicos felicitan a su pastor por su punto de vista y énfasis en la santidad de vida cuando existen grandes controversias sobre el aborto y el derecho de vida. Ellos necesitan de una pespectiva cristiana que les ayude a tomar las decisiones difíciles que a veces tienen que tomar.

Tener toda la información no es suficiente para poder tomar las decisiones más sabias. Uno necesita meditar seria y detenidamente sobre esta información, para determinar cuál es el mejor camino a tomar para la solución de los problemas de su iglesia, de su comunidad y del mundo. Uno tiene que considerar todas las alternativas y las consecuencias de cada posición antes de decidir cuál va a ser su camino a seguir. Tiene que mezclar la información cognoscitiva con la perspectiva teísta de las cosas espirituales, para decidir con mayor comprensión y madurez. Tiene que tomar en cuenta los valores morales y espirituales que están en juego en las circunstancias que se encaran.

Por ejemplo, cuando uno no tiene que decidir qué hacer en el caso del secuestro de un avión con varios rehenes en manos de los terroristas, cuando hay vidas que están en peligro, puede opinar sobre lo que haría, con una actitud despreocupada. Pero cuando uno es responsable de tomar la decisión de mandar fuerzas militares para intentar un rescate, corriendo así el riesgo de la matanza de los rehenes, uno piensa seriamente antes de ofrecer una opinión o tomar una determinación. Tal vez las circunstancias para el pastor no serán tan críticas, pero la ilustración sirve para hacernos ver que es fácil hablar con valentía cuando no nos toca tomar decisiones. Pero cuando somos la persona que tiene que actuar con responsabilidad, esto nos hace más serios y más pacientes en la decisión.

7.3.3 El pastor debe dialogar ampliamente

Cuanta más seria sea la decisión en su gravedad y en las consecuencias, tanto más necesita el pastor del consejo de otros para ayudarle. Por eso, es importante tener a otros cristianos con quienes uno puede dialogar, para recibir mayor información y sugerencias variadas sobre la posible solución o las soluciones del problema. Por medio del diálogo con otros uno puede ampliar sus conocimientos y adquirir una perspectiva más grande, lo cual le ayudará a estar más seguro con la decisión que tome.

Los Proverbios nos aconsejan del valor de escuchar los consejos de otros. "Donde no hay dirección sabia, caerá el pueblo; mas en la multitud de consejeros hay seguridad" (Pr. 11:14). En los tiempos antiguos los jueces recibían toda la información posible de parte de los testigos, antes de tomar la decisión. En el día de hoy los líderes políticos tienen a sus consejeros, cada uno especialista en su ramo, para ayudarles a entender todos los factores involucrados en cada decisión que hay que tomar. Esto ayuda a la persona a entender bien el problema. El pastor necesita de sus consejeros en la esfera espiritual para ayudarle a tomar las decisiones importantes en su trabajo.

7.3.4 El pastor debe orar diligentemente

Hemos mencionado anteriormente el poder de la oración intercesora, pero queremos hacer hincapié en el potencial que tenemos al acudir al poder divino para intervenir en momentos cuando tenemos problemas críticos. Muchas veces tenemos la tentación de confiar en la protección humana o política, cuando tenemos un recurso mucho más poderoso en Dios para socorrernos. La Biblia contiene muchas ilustraciones de la manera en que Dios intervino en los asuntos humanos para cambiar el curso de la historia.

En los días de Isaías, el ejército de Senaquerib, rey de Asiria, estaba listo para invadir y saquear las ciudades fortificadas de Judá. Todo el mundo estaba atemorizado por el poder superior de este gran ejército. El rey Ezequías acudió al profeta Isaías, quien le dijo que confiara más en Dios sin mirar tanto el poder del enemigo. El relato bíblico resume de esta manera lo que pasó: "Y salió el ángel de Jehová y mató ciento ochenta y cinco mil en el campamento de los asirios; y cuando se levantaron por la mañana, he aquí que todo era cuerpos de muertos" (Is. 37:36).

Se ha dicho que, cuando al hombre se le acaben los recursos, es el momento para que Dios comience a actuar. Sería mejor confiar en la ayuda de Dios mientras el hombre está haciendo todo lo posible por solucionar los problemas. La fe en el poder de Dios para guiarnos y para evitar el error, hará mucho para consolarnos e inspirarnos en los momentos críticos.

Es el momento para ser optimistas en cuanto al resultado final de lo que nos pasa en el mundo. Dios no nos ha abandonado. Aunque a veces los problemas parecen gigantescos, podemos saber que Dios es todopoderoso y que él está en control del universo. Dios está formando un pueblo según su sabiduría divina, y nos conviene confiar en lo que él hará. Debemos entregarnos a él como barro en las manos del Alfarero divino y confiar en que él nos haga un vaso útil para su servicio.

Conclusión

El ministro de hoy tiene que reconocer que su mayor desafío es el de relacionarse con las personas que están afuera de la iglesia, porque ellos representan a las personas que debiéramos ganar para Cristo e involucrar en la misión de la iglesia. Por eso, el ministro tiene que aceptar el desafío de relacionarse bien con las personas en las varias esferas políticas, económicas, y sociales, para comunicar el mensaje del amor de Dios para ellos.

El ministro que sigue una estrategia de separación va a aislarse de los inconversos. Pero el que se identifica con los inconversos buscando comunicarles de la mejor manera el mensaje del cristianismo para ganarlos para Cristo va a enfrentarse con un gran desafío.

En el desempeño de sus responsabilidades normales como ciudadano y en sus contactos normales con los demás, el ministro va a encontrar oportunidades de testificar, ya sea en forma directa, o mediante una palabra suave a favor de Cristo. El ministro debe regocijarse en estas oportunidades, sabiendo que Dios se encargará de dar el crecimiento a las semillas que se siembran.

CONCLUSION

Al referirnos a la ética ministerial, hemos hecho énfasis en que es la obligación de cada ministro buscar la manera de obedecer los ideales más altos que se basan en las enseñanzas bíblicas y que derivan de las experiencias de otros ministros con madurez espiritual a través de la historia. La meta ha sido que el ministro sea "irreprensible". En la denominación bautista no hay un cuerpo eclesiástico que dicte al ministro lo que tiene que hacer; de modo que cada ministro tiene que obedecer a su conciencia iluminada por el Espíritu Santo y su propia consideración de lo que es mejor para la iglesia, su familia y para él mismo en cada caso específico.

La autonomía de la iglesia local deja en libertad al ministro para relacionarse con la misma y someterse a las instrucciones de esa iglesia donde está sirviendo o donde desea servir. Esto coloca grandes responsabilidades sobre la iglesia y el pastor para obrar con una conciencia limpia en todas las decisiones que se toman.

De modo que no hay un "Manual para Ministros" en el sentido de presentar una lista de deberes u obligaciones del ministro en cada circunstancia. De existir tal manual, se prestaría para el legalismo que queremos evitar. Creemos que es mejor que cada uno esté sometido al señorío de Cristo en las decisiones personales que deba tomar.

Sin embargo, queremos concluir esta obra con un resumen de lo que algunos ministros estudiantes en un seminario de post grado acordaron como normas para el ministro.

Postulados para el ministro

1. Ser salvo por Jesucristo y tener una experiencia cristiana demostrada durante varios años como miembro activo de una iglesia local.
2. Estar convencido del llamamiento a predicar el evangelio y haber mostrado dones al respecto.

3. Haber mostrado facilidad de expresión verbal en la comunicación de la Palabra de Dios.
4. Tener la capacidad de ser líder.
5. Tener amor por los perdidos y por los hermanos en Cristo.
6. Tener el don de la enseñanza.
7. Tener un grado adecuado de autoestima, evitando el creerse inferior o superior a los demás.
8. Estar casado y que su esposa sea una ayuda idónea.
9. Ser ejemplo de familia en la iglesia y la comunidad.
10. Contar con buena salud para poder funcionar en el ministerio con mayor eficacia.
11. Ser correcto en su testimonio moral y social.
12. Ser una persona confiable y que a la vez inspire confianza.
13. Ser ordenado en su tiempo y su estudio para presentar la Palabra de Dios en la forma más atractiva.
14. Tener una personalidad sana, tanto emocional como espiritualmente.
15. Ser un buen mayordomo de sus talentos y bienes materiales, siendo ejemplo ante los demás.
16. Ser dinámico en su trabajo para ser ejemplo a su grey.
17. Ser pacificador en las relaciones con otros ministros y oficiales de la denominación.
18. Ser colaborador con el programa de la denominación, para lograr una mayor eficacia en la extensión del evangelio.
19. Ser una persona humilde, un hombre de oración, temeroso de Dios y estudioso de la Palabra de Dios.
20. Ser un buen administrador de los programas de la iglesia o la organización que dirige.
21. Ser una persona amable con los de fuera de la iglesia y un buen ciudadano en la comunidad y el país.
22. Seguir las normas cristianas más altas en su relación con los de la iglesia y con las personas de otras denominaciones y religiones.

LECTURAS RECOMENDADAS

Introducción

Henry, Carl F. H., "Recipe for a Waffling Minister," *Christianity Today* V (Julio 3, 1961, p. 20).
Klink, Thomas W., "The Career of Preparation for the Ministry," *Journal of Pastoral Care,* (Otoño, 1964, p. 202).
Klink, Thomas W., "The Ministry as Career and Crisis," *Pastoral Psychology,* (Junio, 1969, p. 19).
Mills, Edgar W. and Koval, John P., *Stress in Ministry* (Washington, D. C.: Ministry Studies Board, 1971).

Capítulo 1 RESUMEN BIBLICO DE LOS REQUISITOS MORALES DE LOS LIDERES ESPIRITUALES

Antiguo Testamento

Danielou, Jean. *Los Santos Paganos del Antiguo Testamento.* Buenos Aires: Edición Carlos Lohie, 1960.
Gardner, E. Clinton. *Fe Bíblica y Etica Social.* Trad. al portugués por Francisco Penha Alves. Sao Paulo: ASTE, 1965.
Kevan, Ernest F. *La Ley y el Evangelio.* Barcelona: Ediciones Evangélicas Europeas, 1967.
Trapiello, Jesús García. *El Problema de la Moral en el Antiguo Testamento.* Barcelona: Ediciones Herder, 1977.

Nuevo Testamento

Barbieri, Sante Uberto. *Las Enseñanzas de Jesús.* Trad. del portugués por Luis Villalpando y Adam Sosa. Buenos Aires: La Aurora, 1943.
Blank, Josef. *Jesús de Nazaret, Historia y Mensaje.* Madrid: Editorial Cristiandad, 1973.
Flusser, David. *Jesús en Sus Palabras y Su Tiempo.* Trad. por Ronald Walls. New York: Herder & Herder, 1969.

Eicholz, Georg. *Evangelio de Pablo*. España: Salamanca. Ediciones Sígueme, 1977.

González, José María. *Evangelio de Pablo*. Madrid; Editorial Marova, 1977.

Hammond, T. C. *Cómo Comprender la Doctrina Cristiana*. Buenos Aires: Certeza, 1978.

Lacueva, Francisco. *Curso de Formación Teológica Evangélica: Etica Cristiana*. Tomo X. Barcelona: Clie, 1975.

Capítulo 2 LA ETICA PERSONAL DEL MINISTRO

Libros

Abraham, Hernández *et al*. *La Brújula para el Ministerio Evangélico*. Miami: Editorial Vida, 1979. Artículos por veintitrés destacados autores en América Latina.

Barrientos, Alberto. *Principios y Alternativas del Trabajo Pastoral*. San José: Editorial Caribe, 1982.

Bratcher, Edward B. *The Walk-on-Water Syndrome* (Waco, Texas: Word Publishers, 1984).

Brister, C. W. *El Cuidado Pastoral en la Iglesia*. Trad. por Daniel Tinao, Juan Sowell, y David Fite. El Paso: Casa Bautista de Publicaciones, 1974.

Cabrera, Víctor. *Las Manos en el Arado*. El Paso: Casa Bautista de Publicaciones, 1978.

Canclini, Santiago. *¿A Quién Enviaré?* El Paso: Casa Bautista de Publicaciones, 1963.

Carey, Pearce. *Guillermo Carey*. Trad. por Sara A. Hale. El Paso: Casa Bautista de Publicaciones, 1923.

Harmon, Nolan. *Ministerial Ethics and Etiquette*. New York: Abingdon Press, 1950.

Harvey, H. *El Pastor*. Trad. por Alejandro Treviño. El Paso: Casa Bautista de Publicaciones, 1987.

Martínez, José M. *Ministros de Jesucristo*. 2 tomos. Barcelona: Clie, 1977.

Oates, Wayne, *The Struggle to Be Free*. (Philadelphia: The Westminster Press, 1983).

Treviño, Alejandro. *El Predicador*. El Paso: Casa Bautista de Publicaciones, 1950.

Williamson, G. B. *Pastores del Rebaño*. Trad. por Horato Reza. Kansas: Beacon Hill Press, n.f.

Artículos

Alexander, J. W. "Urgente para Predicadores," *Pensamiento Cristiano*. I. (Marzo de 1956.)
Asher, Percy F. "Que el Pastor Sea Pastor." *Predicador Evangélico* X. (Julio a sept. de 1952.)
Bequer, A. T. "El Pastor." *El Pastor Evangélico*. (Junio de 1959.)
Brown, H. C. "Por Qué los Ministros No Abandonan Su Trabajo." *El Pastor Evangélico*. (Junio de 1966.)
Cintron, N. Jorge. "El Pastor y Su Tiempo." *Pensamiento Cristiano*. (Marzo de 1953.)
Hastey, Ervin. "El Pastor Como Sobreveedor de la Iglesia." *El Pastor Evangélico*. (Enero a marzo de 1964.)
Landero, Jorge Gaspar. "Ofrenda al Pastor." *El Pastor Evangélico*. (Junio de 1959.)
Sangster, W. E. "Algunas Observaciones en Torno a la Predicación." *Pensamiento Cristiano*. (Junio de 1953.)
Smith. O. G. "El Hombre Que Dios Puede Usar." *Pensamiento Cristiano*. (Marzo de 1954.)

Capítulo 3 EL MINISTRO Y SU FAMILIA

Libros

Bratcher, Edward B., *The Walk-On-Water Syndrome*. Waco, Texas: Word Books, 1984.
Martínez, José M. *Ministros de Jesucristo*. 2 tomos. Madrid: Clie. 1977.
Seamonds, David. *The Healing of Emotions*, Wheaton, Ill.: Victor Books, 1985.
Silva, Ilidio Da *et al*. *La Brújula para el Ministro Evangélico*. Editorial Vida. 1979.

Artículos

"Estoy Feliz de Ser Esposa de Pastor." *Maná Ministerial*. (Enero a marzo de 1963), págs. 38-39.
Lowrey, Sadie. "Por Qué el Ministro Debe Tener Su Estudio en la Iglesia." *Predicador Evangélico*. XII. (Abril a junio de 1956.)
Ryle, J.C. "¿Cómo Puede Instruirse al Niño?" *Pensamiento Cristiano*. (Marzo a junio de 1959.)

Smith, Oswald J. "¿Sobre Quiénes Recae la Responsabilidad de Que Se Produzcan los Avivamientos?" *Pensamiento Cristiano*. (Sept. de 1953.)

West, Bill. "¿Por Qué Sufren Colapsos Nerviosos las Esposas de los Pastores?" *El Pastor Evangélico*. (1966).

Capítulo 4 RELACIONES ETICAS CON LA IGLESIA LOCAL

Libros

Brister, C. W. *El Cuidado Pastoral en la Iglesia*. Trad. por Daniel Tinao, Juan Sowell y David Fite. El Paso: Casa Bautista de Publicaciones. 1974, Capítulo 4.

Calkins, Raymond. *El Romance del Ministerio*. Trad. por Adam Sosa. Buenos Aires: Editorial La Aurora, 1947.

Guffin, Gilbert. *El Pastor y la Iglesia*. Trad. por A. E. Corugedo Binerfa. El Paso: Casa Bautista de Publicaciones, 1956.

Harvey, H. *El Pastor*. Trad. por Alejandro Treviño. El Paso: Casa Bautista de Publicaciones, 1987.

Neighbour, Ralph, Recopilado de varios autores. *La Iglesia del Futuro*. Trad. por José Luis Martínez. El Paso: Casa Bautista de Publicaciones, 1983.

Spurgeon, Charles H. *Un Ministerio Ideal*. Trad. por Miguel Blank y Manuel Martin. London: The Banner of Truth Trust, 1964.

Artículos

Carroll, M. B. "¿Qué Significa Ser un Pastor?" *El Pastor Evangélico*. (1966.)

Escobar, Samuel. "Iglesia y Sociología." *Pensamiento Cristiano*. (Sept. de 1976.)

Garza, Paladio. "Las Visitas Pastorales." *Predicador Evangélico*. (Abril a junio de 1965.)

Gómez, N. F. "Examen Ministerial." *Maná Ministerial*. (Enero a marzo de 1963), p. 21.

Hueguel, F. J. "Algunas Tentaciones Que Pueden Venir al Pastor." *Pensamiento Cristiano*. (Marzo de 1961.)

Lloyd Jones, D. Martin. "La Autoridad de Jesucristo." *Pensamiento Cristiano*. (Dic. de 1957), págs. 245-259.

Ralph, Philip. "El Más Antiguo Relato Sobre las Relaciones entre Pastor y Congregación." *Predicador Evangélico*. (Abril a junio de 1964.)

Reza, H.T. "Tanta Renuncia Cansa." *Maná Ministerial*. (Oct. a dic. de 1964.)
Segler, Franklin M. "El Pastor y la Administración Eclesiástica." *El Pastor Evangélico*. (1966).
Smith, Oswald G. "El Hombre Que Dios Puede Utilizar." *Pensamiento Cristiano*. (1954.)
Spurgeon, C. H. "Conducta del Pastor en Su Vida Ordinaria." *Pensamiento Cristiano*. (Junio de 1959.)
Stott, W. John R. "La Iglesia Cristiana Es una Iglesia Misionera." *Pensamiento Cristiano*. (Sept. de 1977.)
Tinao, Daniel. "La Función del Ministerio Pastoral Hoy en Día." *Diálogo Teológico*. No. 3. Abril de 1974.
"Visitación de Enfermos." *Predicador Evangélico*. (Julio a sept. de 1955), escrito por un capellán en un hospital metodista.

Capítulo 5 NORMAS ETICAS EN RELACION CON LA DENOMINACION

Libros

Giles, James E. *Esto Creemos los Bautistas*. El Paso: Casa Bautista de Publicaciones, 1977.
Harvey, H. *El Pastor*. Trad. por Alejandro Treviño. El Paso: Casa Bautista de Publicaciones, 1987.
Treviño, Alejandro. *El Predicador*. El Paso: Casa Bautista de Publicaciones, 1950.

Artículos

Larson, Philip. "Errores Ministeriales." *Maná Ministerial*. (Oct. a dic. de 1965.)

Capítulo 6 NORMAS ETICAS EN LAS RELACIONES INTERDENOMINACIONALES

Libros

Boney, William Jerry e Ingleheart, Glen A., (editores). *Baptists and Ecumenism*. Valley Forge: Judson Press, 1980.
Harvey, H. *La Iglesia*. El Paso: Casa Bautista de Publicaciones, 1986.

Smith, Ebbie C. *Balanced Church Growth*. Nashville: Broadman Press, 1984.

Spurgeon, C. H. *Un Ministerio Ideal*. Trad. por Miguel Blanck y Manuel Martin. London: The Banner of Truth Trust, 1964.

Wesley, Juan. *Sermones*. Trad. por Primitivo A. Rodríguez. Tomo I. Kansas: Beacon Hill Press, 1892.

———. *Sermones*. Trad. por Primitivo A. Rodríguez. Tomo II. Nashville: Casa Editorial de la Iglesia Metodista Episcopal del Sur. 1907.

Artículos

Anderson, Justice. "El Movimiento Ecuménico." (Estudio preparado a pedido de la Junta Directiva de la Convención Evangélica Bautista Argentina. n.f.).

Copeland, E. Luther. "Christian Dialogue with Major World Religions". *Review and Expositor*. Enero de 1971.

Dyal, William. "El Código de Etica Ministerial." *Pensamiento Evangélico*. (Julio a sept. de 1965.)

Ingleheart, Glenn A. "Why Baptists Dialogue With Others". Monografía no publicada para la Alianza Mundial Bautista, Los Angeles, California, 2 al 7 de julio de 1985.

Knox, Juan. "Las Confesiones de Fe de Westminster para el Día de Hoy." Interpretación de George S. Henry. Bogotá: Publicación del Comité de Corporación Presbiteriana de América Latina. (1966.)

Unger, Merril. "La Necesidad de la Predicación Expositiva en el Siglo Veinte." *Pensamiento Cristiano*. (Marzo de 1956.)

Vangioni, Fernando V. "Diversos Planos de Actuación del Creyente." *Pensamiento Cristiano*. (Marzo de 1964.)

Capítulo 7 RELACIONES EN LA COMUNIDAD

Libros

Escobar, Samuel. *La Fe Evangélica y las Teologías de la Liberación* El Paso: Casa Bautista de Publicaciones, 1987

———. *La Responsabilidad Social de la Iglesia*. Cochabamba, Bolivia: Publicación Asociación de Grupos Universitarios Evangélicos de Bolivia, 1971.

——— *et al. Fe Cristiana y Latinoamérica*. Buenos Aires; Editorial Certeza, 1974.

Lonning, Per. *et al. El Futuro del Ecumenismo*. Buenos Aires: La Aurora, 1975.
Míguez Bonino, José. *Ama y Haz lo Que Quieras*. Buenos Aires: Methopress, 1972.
________. *La Fe en Busca de Eficacia*. Salamanca: Editoriales Sígueme, 1977.
________. *Polémica, Diálogo y Misión*. Río de la Plata: Centro de Estudios Cristianos, 1966.
Padilla, René *et al. El Reino de Dios y la América Latina*. El Paso: Casa Bautista de Publicaciones, 1975.
Pérez, Jerónimo *et al.* "El Ministro y Su Comunidad." *La Brújula para el Ministro Evangélico*. Editorial Vida, 1979.
Williamson, G. B. *Pastores del Rebaño*. Trad. por Horato Reza. Kansas: Beacon Hill Press, n.f.

Artículos

Escobar, Samuel. "Los Evangélicos y la Política." *Certeza*. (1970-74.)
Feliz, Guido. "Verdad Presente." *Pensamiento Cristiano*. (Sept. de 1966.)
Schaeffer, Francis. "Forma y Libertad en la Iglesia." *Pensamiento Cristiano*. (Sept. de 1975.)
Vangioni, Fernando V. "Diversos Planos de Actuación del Creyente." *Pensamiento Cristiano*. (Marzo de 1964.)